# DESIGN REVIEW 2020

## 2020年テーマ「結衝(けっしょう)」

「結」には議論を通して自分の建築や思想を見つめ直したり、新たな価値観やアイデア、交流が生まれ、さらにはこれから先の未来に結ばれていく場となるという意味を、「衝」という字にはデザインレビューという大会が、出展者やクリティーク、実行委員、来場者が作品の良し悪しを議論するだけではなく、それぞれの価値観や熱量をぶつけ合い語り合う場所となるように願いを込めました。そのような場が一つ一つ集まったデザインレビューという大会自体が「結晶」のようなものに１

JN055250

デザインレビュー実行委員会

# タイムテーブル

Timetable

一次審査では、出展者の皆様にプレゼンボード（A3×2枚）を提出していただき、それをもとに本選クリティークに審査・議論していただいたうえで57作品から12作品に絞ります。
二次審査では公式InstagramにてLIVE配信し、さらに12作品から5作品を選出します。そして、選ばれた5人と審査会場をInstagramの通話機能で繋ぎ、1人10分の持ち時間でプレゼン・質疑応答を行います。各自通話機能を通して議論を行い、最優秀賞1点、優秀賞2点を決定します。また、57作品全ての中から各クリティーク賞4点を決定します。
さらに大会終了から数日後、九州圏内の学校に所属する卒業設計作品の中からJIA九州選奨を6点選出します。
本年度は一般公開ができないため代替案として公式HP・SNSを用いて一般投票を行い、SNS賞の決定もいたします。こちらは本選審査終了後1週間程度を目処に公開し投票を受け付けます。

## 3月14日(土)

| 10:00~12:00 | 一次審査(各審査委員一人3票、57作品から12作品選出) |
| 12:00~12:30 | 休憩 |
| 12:30~12:40 | 実行委員長挨拶・司会者挨拶と概要説明<br>公式InstagramにてLIVE配信開始 |
| 12:40~13:30 | 二次審査(12作品から5作品を選出) |
| 13:30~14:30 | 休憩 |
| 14:30~16:00 | 5作品のプレゼン・質疑応答<br>一人持ち時間10分(公式Instagramにて電話) |
| 16:00~17:00 | 最優秀賞1点、優秀賞2点、各クリティーク賞4点の決定 |

# 実行委員長あいさつ

Greeting

こんにちは、Design Review 2020実行委員長の井本大智です。
Design Review 2020は『結衝』というテーマのもと準備を進めてきました。「衝」という字にはDesign Reviewという大会が、出展者やクリティーク、実行委員、来場者が作品の良し悪しを議論するだけではなく、それぞれの価値観や熱量をぶつけ合い語り合う場所になるという意味を、「結」にはそこで自分の建築を見つめなおしたり、新たな価値観やアイデア、交流が生まれ、さらにはこれから先の未来に結ばれていく場となるという意味を込めました。1つ1つのそのような場が集まることで全体としてDesign Reviewという大会自体が「結晶」のようなものになることを願って『結衝』というテーマをつけました。
しかし、今年度は新型コロナウイルスの影響により通常開催を行うことが出来なくなってしまいました。代替案といたしましてInstagramのライブ機能を利用し、本選審査を中継させていただくこととしました。Design Review 2020は協賛していただいた企業様個人様をはじめ、クリティークの方々やその他関係者の方々に支えられて開催することができました。実行委員を代表いたしまして、深く感謝申し上げます。

デザインレビュー2020
実行委員長
**井本 大智**

# 目次
Contents

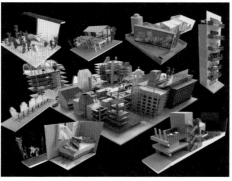

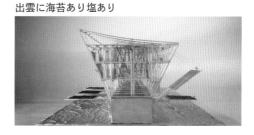

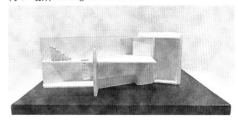

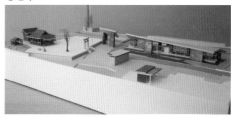

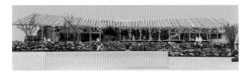

# Critique

クリティーク紹介

建築家
AAOAA

## 青木 弘司
Aoki Koji

| | |
|---|---|
| 1976 | 北海道生まれ |
| 2003 | 室蘭工業大学大学院修士課程修了 |
| 2003-11 | 藤本壮介建築設計事務所勤務 |
| 2011 | 青木弘司建築設計事務所設立 |
| 2014-15 | 東京理科大学非常勤講師 |
| 2015-17 | 東京大学非常勤講師 |
| 2018- | 青木弘司建築設計事務所を改組、合同会社AAOAA設立 |

現在、武蔵野美術大学、東京造形大学、前橋工科大学、早稲田大学、文化学園大学、
東京都市大学にて非常勤講師。

**新しい世代の建築、言葉に出会えることを
楽しみにしています。**

建築家
明治大学准教授
アソシエイツ パートナー

## 門脇 耕三
Kadowaki Kozo

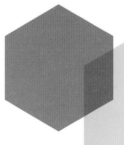

1977 神奈川県生まれ
2001 東京都立大学大学院修士課程修了
東京都立大学助手、首都大学東京助教などを経て現職。現在、明治大学出版会編集委員長、東京
藝術大学非常勤講師を兼務。第17回ヴェネチア・ビエンナーレ国際建築展にて日本館のキュレー
ターを務める。

© SHINTO TAKESHI

**まだ見ぬ地平への勇気ある跳躍を遂げた作品に
出会いたいと思っています。**

建築家
髙橋一平建築事務所

# 髙橋 一平
Takahashi Ippei

| 1977 | 東京都生まれ |
| 2000 | 東北大学工学部建築学科卒業 |
| 2002 | 横浜国立大学大学院修士課程修了 |
| 2002-09 | 西沢立衛建築設計事務所勤務 |
| 2010 | 髙橋一平建築事務所設立 |
| 2011-19 | 横浜国立大学大学院助教 |
| 2018- | 法政大学非常勤講師 |
| 2020- | 横浜国立大学非常勤講師 |

自信をもってご自分を曝け出してください。
胸に閉じ込めていては勿体ありません。
エネルギーに満ちたダイナミックな作品を待っています。

アートディレクター
UMA/design farm

# 原田 祐馬
Harada Yuma

1979　大阪府生まれ
UMA / design farm代表。大阪を拠点に文化や福祉、地域に関わるプロジェクトを
中心に、グラフィック、空間、展覧会や企画開発などを通して、理念を可視化し新しい
体験をつくりだすことを目指している。「共に考え、共につくる」を大切に、対話と実験
を繰り返すデザインを実践。
京都芸術大学客員教授。愛犬の名前はワカメ。

遠くまで届く可能性のある提案を
楽しみにしています。

建築家
佐賀大学准教授
yHa architects

# 平瀬 有人　本選司会
Hirase Yujin

| 1976 | 東京都生まれ |
| 1999 | 早稲田大学理工学部建築学科卒業（村野賞） |
| 2001 | 早稲田大学大学院修士課程修了（小野梓記念芸術賞） |
|  | 早稲田大学古谷誠章研究室・ナスカ一級建築士事務所・早稲田大学助手 |
| 2007 | yHa architects設立 |
| 2007-08 | 文化庁新進芸術家海外研修制度研修員（在スイス） |
| 2008- | 佐賀大学准教授 |
| 2016-18 | 九州大学大学院非常勤講師 |
| 2017 | 建築作品による博士（建築学）学位取得（早稲田大学） |

優劣の評価は一過性のものなので歓喜落胆する必要はなく、
むしろ現在を未来へと接続する思考の持続性こそが重要である。

# Prize-winning work

受賞作品紹介

# 出展者アンケート
Questionnaire

Q.1 制作にはどんなソフトを使用しましたか?

Q.2 模型の制作期間はどのくらいですか?

Q.3 模型の制作費用はどれくらいですか?

Q.4 プレゼンボードをつくるうえでの工夫、こだわりを教えてください。

Q.5 将来就きたい、就く予定の仕事を教えてください。

Q.6 自身の建築観に影響を与えた人物や作品、思想等を教えてください。

Q.7 模型材料はどこで購入していますか?

# 風景の転写
## －名山横丁における木密長屋の新しい更新－

「まちが更新される時、愛され続けた"名山横丁の風景"が忘れられてしまうような建築が建つのは悲しい」ずっと抱き続けたその違和感への答えとして、「風景を転写し、その骨格だけを残すこと」を選びました。転写により木密の縛りから解放された空間は、自由で新しく、でも懐かしいと感じるものであってほしい。まちのプラットホームとなるような文化交流施設の計画を通して、木密長屋の新しい更新の在り方を考えます。

ID27

**森下 彩**

熊本大学工学部建築学科B4

Answer 1. Illustrator, Photoshop　2. 1ヶ月未満
3. 8万円程度　4. 言葉での説明より、考え抜いたこ
とが一目見てみんなに伝わるダイアグラム、描いてい
る自分も見ている人もワクワクするようなパースと図
面を心がけています。　5. 絶賛悩み中です。　6. 特に
なし　7. ハンズマン、甲玉堂

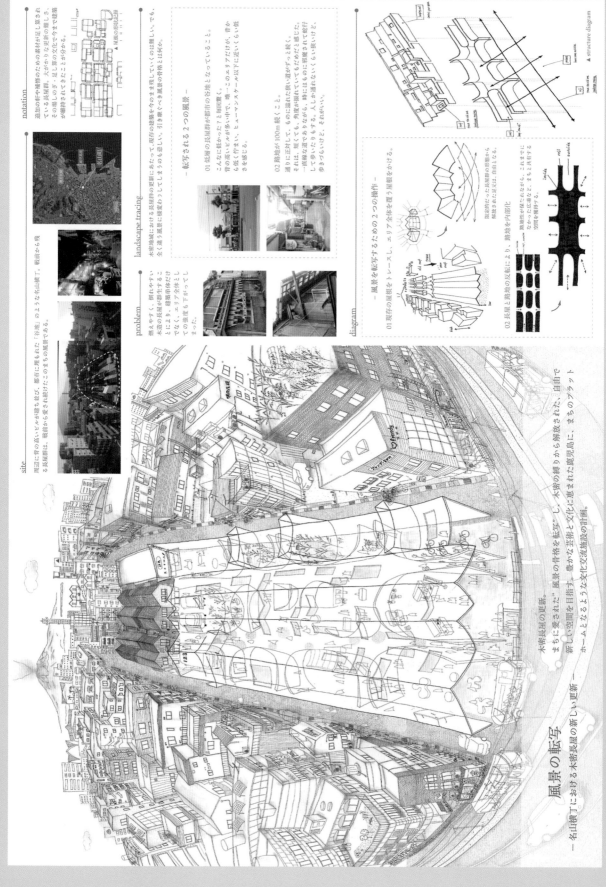

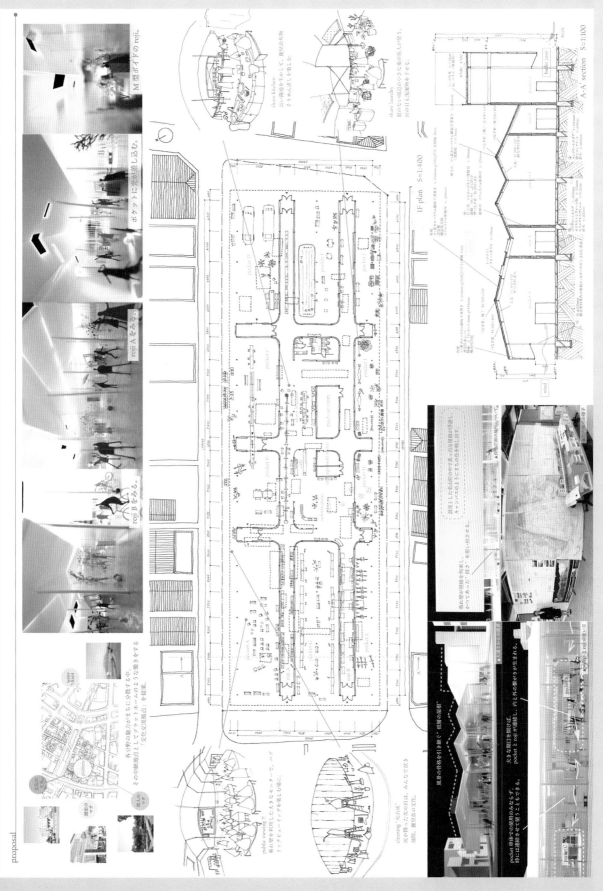

## DesignReview secondprize

# 他者から見た世界
## －新たな感覚の扉を開く実験的建築－

新世代における技術や機械の発達により、人々は自らの感覚や肉体を使わなくなっていった。進化の過程で枝分かれしてきた生物たちは、人と全く異なる感覚を持ち、全く異なる世界を見る。少し先の未来に向け、彼らの見る環世界から空間を創造し、それらを繋ぎ合わせることで新たな空間の可能性を見出し、人々が新たな感覚を獲得する建築を提案する。「感覚が変われば世界が変わる」。それをあくまでモノとして、建築として表現した。

ID03

**樋口 紗矢**
九州大学工学部建築学科B4

Answer ① Illustrator, Photoshop, Rhinoceros, Grasshopper ②
1ヶ月未満 ③ 8万円程度 ④ 感覚的な作品だったので、パースは手描きにして自分の世界観を表現するようにしました。 ⑤ 建築家（経験を積むためにアトリエに就職し、最終的には自分の事務所を開き建築家として世界中で活躍したいです。） ⑥ アルヴァ・アアルト、フランク・ゲーリー、丹下健三 ⑦ レモン画翠、100均、ホームセンター

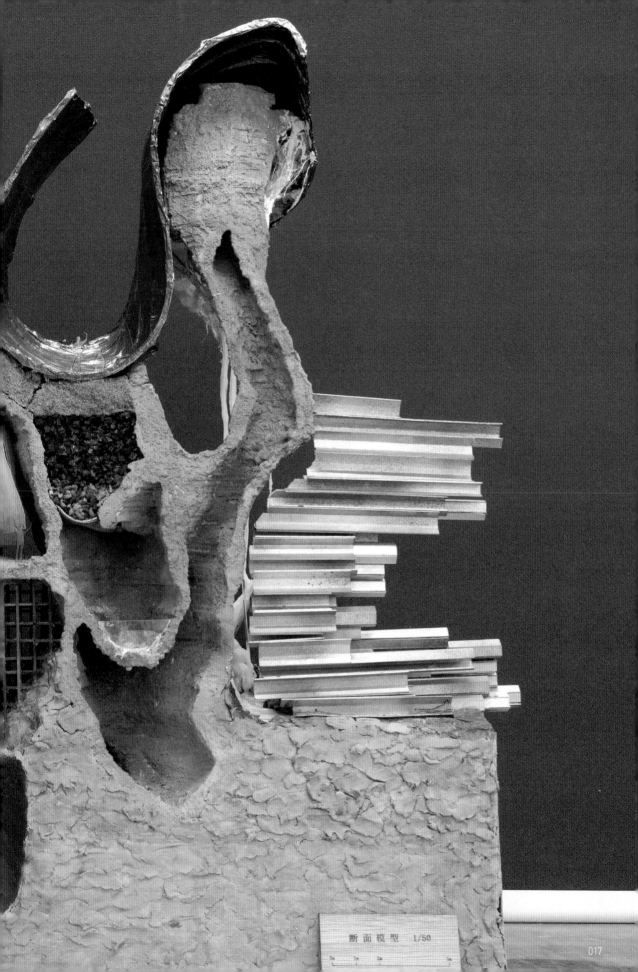

断面模型 1/50

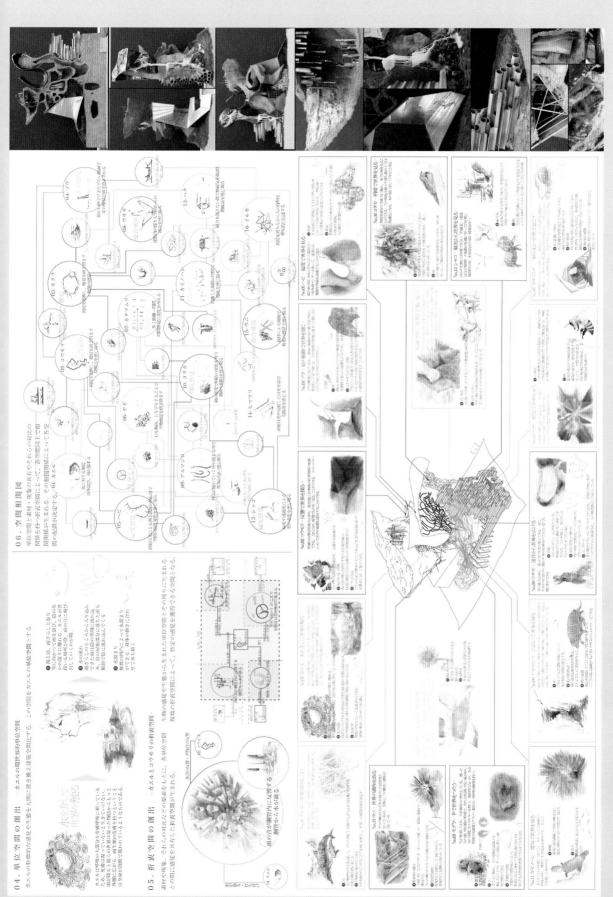

Presentation Board

019

# 巣喰う街の観察日記

街は誰によって作られるのか。これは失われゆく小さな営みを顕在化させる事によって、この先起こるかもしれない出来事を観察した都市更新物語である。ここでは現時点を2060年と設定し、街が形作られていく中での出来事を幾つか抜粋して振り返る。多様な巣喰うもの達が主人公の観察日記を通して伝えたいことは、些細な出来事の集積によって街は形づくられているということです。あなたなら、この街にどんな日記を想像しますか?

山田 泰輔
大阪工業大学工学部空間デザイン学科B4

Illustrator, Photoshop, AutoCAD,
ArchiCAD 　2〜3ヶ月　 1万円未満　 コンセプト
に合っているか　 組織設計　 チュミ　 KAWACHI

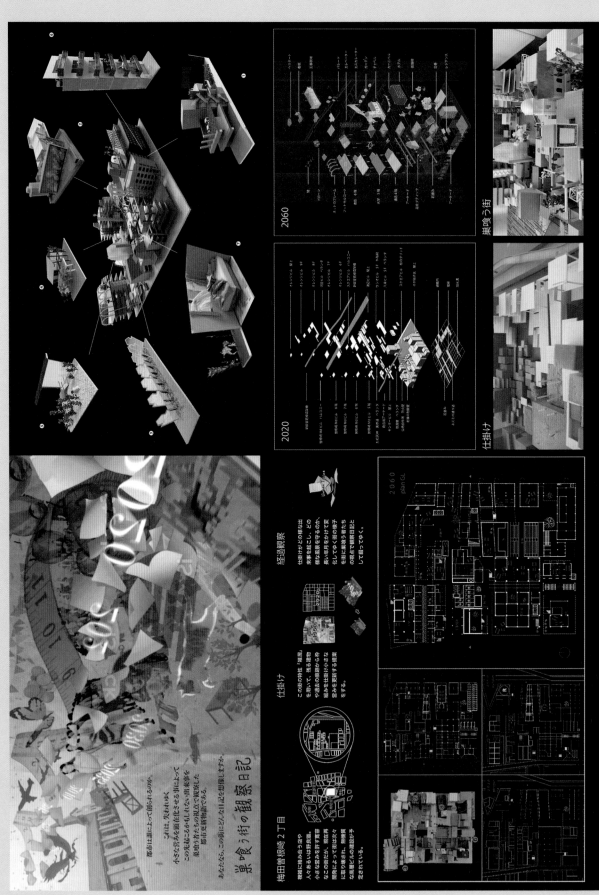

黒い食う街の観察日記

梅田曽根崎2丁目

視覚に捉えられるや
人をあるいは野良猫、
小さな空みを行す事着
なこの街かか、現在街
間街によって街は次々
に取り壊され、高層階
な高層ビルの建設が予
生きられている。

仕掛け

この街の特性「雑居」
を用いて、既存建物
や過去の痕跡からな
組む去し仕掛けなる
留み仕掛けな小さな
営みを更新する提案
をする。

経過観察

仕掛けからどの様な出
来事を起こし、どの
様な温度をさせるのか。
長い年月をかけて変
化してゆく街の様子
らしく街に滞う者たち
の視点で観察日記と
して綴ってゆく。

2060 plan GL

2060

2020

巣喰う街

仕掛け

**① 2025年1月13日 ◆ 8番地5号3階 ●が東京り BAR**

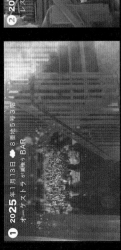
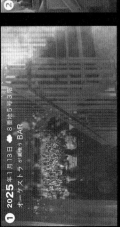

カウンター席
オーケストラ踊り場

**おこぼれちょうだい**

去年11月日から引っ越して来た劇場はオーケストラ階段そのみんなでこのビルを買い取ってるみたいだ。ウシオビルの1階をエントランスにして、逆に3階の BAR を劇場と劇場を繋めている。飲みながら劇場にできるというカラクリで外階段から客を引き上げているようだ。

---

**② 2030年10月13日 ● 10番地4の7階 ●が東京り 発表**

レストランテラス席
看板裏

**けっかいなパーティー**

先月、同じフロアのレストランが閉店してテラス席だった場所に建てられていた。向かいの劇場の連絡通路をつかい、ランウェイとしてつかわれているふたいへ、今は一昨日オープンしたビアガーデンが目立っている。しかし、使い構造床に低価を施すなどして展開している。

---

**③ 2035年3月13日 が東京り ● 10番地 ●が東京り すべての市場**

ブティックランウェイ
アーケード...の店

**おおきなランウェイ**

最後から続いていた市場は衰退しレアブランドが軒を並べねていた。かつて商品が並べていた棚が立ち並み今は、ランウェイとその賑にぎわいとしてつかわれているふたいへ、アーケードの天窓から採光を取るのは変わっていないようだ。

---

**④ 2040年4月13日 ● 10番地4の2**

猫のカフェ
避難所...テラス席

**これがほんまの猫カフェ**

先週の地区で一時避難場所として利用されれば本日も休息の為のカフェのテラス席。午前中の病が近く各種先に水溜まりを作り、それを野良猫が飲みに来るようになった。

---

**⑤ 2045年5月20日 が東京り ● 10番地 屋根裏**

支柱
庇

**ウセラッタ**

劇誕生の上の都から1950年に建てられた広大な屋根の取り外しが行われた。島が高台へ伸びた市街地を2030年に近郊するテラスの下を気軽にとカフェのことも柱が並なった。島が強い日差しをカットして水溜まりには心地のよい感ちを感じながら暮している。

---

**⑥ 2050年6月2日 ↑ 8番地7号 ●雨が東京り アパート**

着地点
ベランダ

**てんやわんやのベランダ**

突然の雨に対して各階のベランダ毎に異なる反応を見せた。7階では追い取り込み、6階ではゆっくり過ごしを身になったり、5階ではなんとかタバコに火を付け、4階では雨水が溜まり、3階のティータイムには水溜い水が打たれ、鉢の葉が雨に打たれていた。

---

**⑦ 2055年1月13日 ● 9番地1号 ●ゴミ捨て場の生き物のみ改築 お**

経路
窓枠

**すったもんだモーニング**

毎朝繰り返されている大きなネズミとその子のネズ、50年に渡る近い、ゴミのルートに先回したりとパートの変わりの増加がみられた。過ごして来た住人は初めの最初からは驚いたみたい、もう慣れたようだ。

---

**⑧ 2060年11月13日 が東京り ● 8番地21号 夜景**

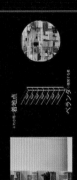

避難所...テラス席

**知らんけど**

窓ガラスにチャンネルの明かりがぶな灯りしてこの街の小さな営みを映している。同成はチャット高層ビルが林立された。この界隈の住住は彼にとって貴重なものになった。この先の出来事なんて知れないけど、街の灯灯いりたい合いを観察する手でそんないい未来を絵がるのだろう。

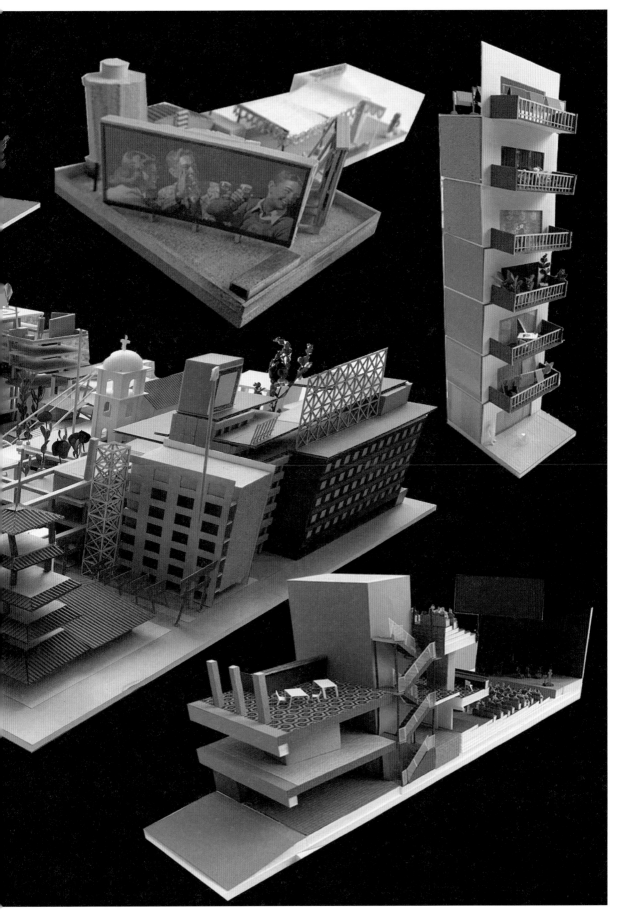

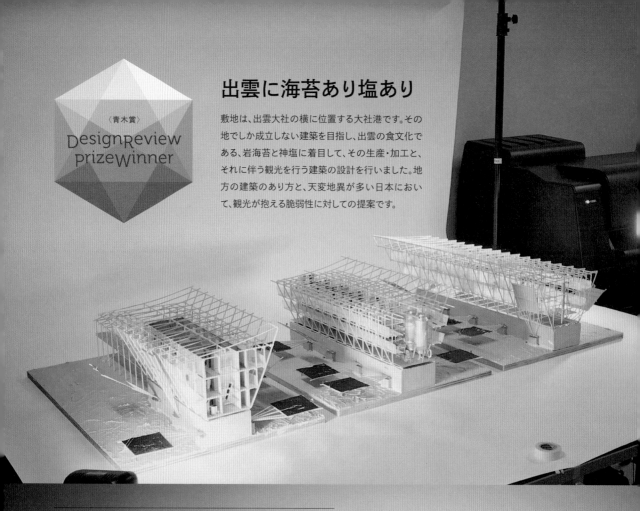

# 出雲に海苔あり塩あり

〈青木賞〉
DesignReview
prizewinner

敷地は、出雲大社の横に位置する大社港です。その地でしか成立しない建築を目指し、出雲の食文化である、岩海苔と神塩に着目して、その生産・加工と、それに伴う観光を行う建築の設計を行いました。地方の建築のあり方と、天変地異が多い日本において、観光が抱える脆弱性に対しての提案です。

岡野 元哉
島根大学総合理工学部建築・生産設計工学科B4

Illustrator, Photoshop, AutoCAD　2. 2～3ヶ月　3. 10万円程度　4. 見やすさ　建築関係　SANAA　藤本壮介　ホームセンター　レモン画翠　Amazon

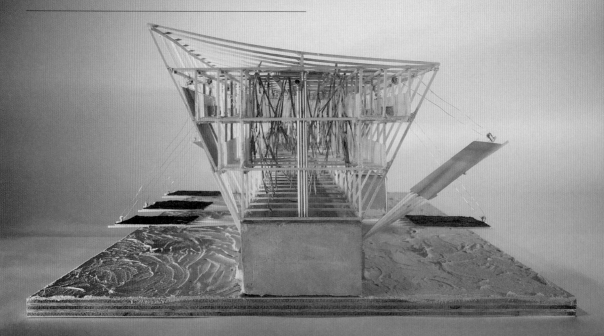

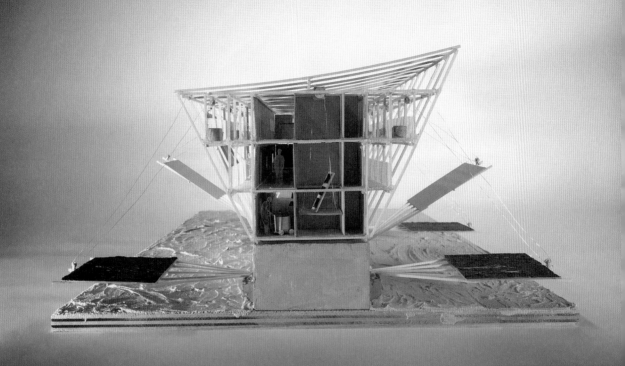

課題に注ぎ込まれた、提案に注ぎ込まれたエネルギーやその完成度、建築のオリジナリティも含めてやはり非常にレベルが高いと思います。クリティーク賞というかたちではありますが、このようなレビューの場で14番を改めて評価するべきではないかなと思いました。一方で他の審査員の方々がおっしゃっていたように、この問題が孕んでいるある種の危険性というのも指摘されていたと思いますので、それを真摯に受け止めながら今後の設計の人生の糧にして欲しいと思います。〈青木 弘司〉

*Critique Review*

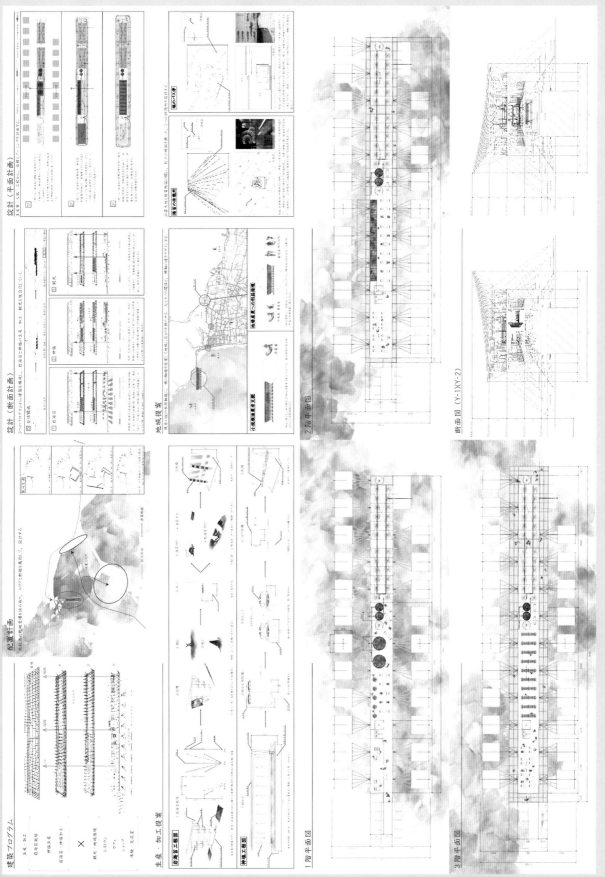

# 時器の森

日本の磁器発祥の地有田町に残る建築を創る。ここでは伝統を吸収したうえで新しい様式を常に受け入れてきた。磁器を伝統産業から工業製品としての立ち位置を確立させたきっかけを作った工場を敷地として選び、有田にとって大切な歴史の一つとして工場の技術・記憶を残す提案を行った。磁器の特徴から磁器タイルを考案し積み上げることで、本来分厚く重いイメージのある組積造を光の透過する薄くて軽いようなものとして成立させる。

北島 千朔
九州大学工学部建築学科B4
Illustrator, Photoshop, Rhinoceros,
AutoCAD, Grasshopper　1ヶ月半未満　12万
円程度　見やすく伝えやすいようにしました。
建築家　槇文彦さんの「見えがくれする都市」
トーキューハンズ　ダイソー

## Critique Review

佐賀の有田の磁器を使ってパビリオンをつくるという提案に個人賞を差し上げます。ここの磁器を使って空間をつくる、土台のところから実直に積み上げて建築をつくり上げていくという案。そういうアプローチが卒業設計にあるべきだし、これからもっと出るべきだと思っていますので、この作品を個人賞にしたいと思います。ただ、不安なところを言うと、これはパビリオンなんですよね。こういう磁器をパビリオンとしてつくると、磁器を体験させるための空間になるわけじゃないですか。それは目的からすると、おそらくオントロジーなんですね。むしろここでは、磁器がこれまでの器とは違った形で建築として生きられるとはどういうことなのか、そこをもう少し考えるべきだったと思います。ただ、このアプローチには非常に好感を持てたので北島さんに差し上げたいと思います。〈門脇 耕三〉

6600

4540

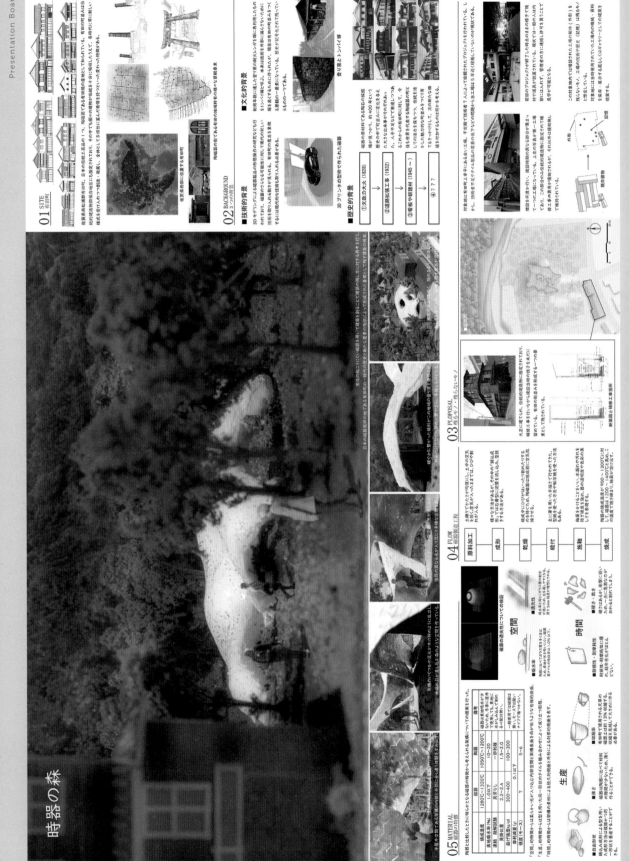

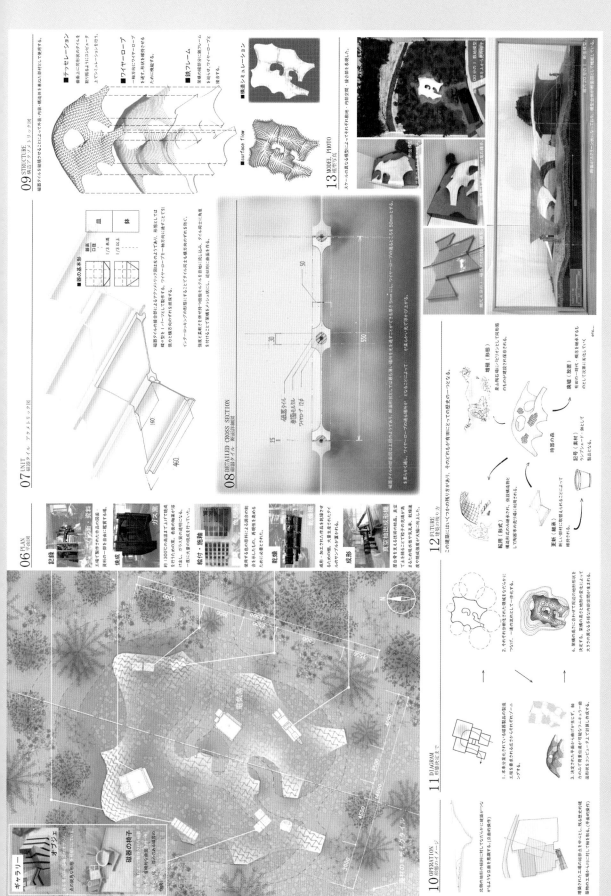

# 待つ 場所  Waiting and Waited Place

「待つ」とはどういうことなのだろうか。目的の途中に生まれた無駄で意味がなくネガティヴな認識だろう。太宰治の文章に「いったい、私は、誰を待っているのだろう。はっきりした形のものは何もない。ただ、もやもやしている。けれども、私は待っている。」という一節がある。待つとはこのように曖昧で身を任せるしかない、しかし希望のあるものであったはずだ。待つことを忘れてしまった現代社会にただ待つ場所を設計する。ここで人は、建築は、場面は待ってしまうだろう。

ID42

## 佐藤 美音

千葉工業大学創造工学部建築学科B4

Answer 1. Illustrator, Photoshop, Rhinoceros, Vectorworks  2. 1〜2ヶ月  3. 1万円程度  4. 文章は見やすくわかりやすい言葉でつくること  5. すごい建築家  6. 太宰治  7. ユザワヤ、レモン画翠

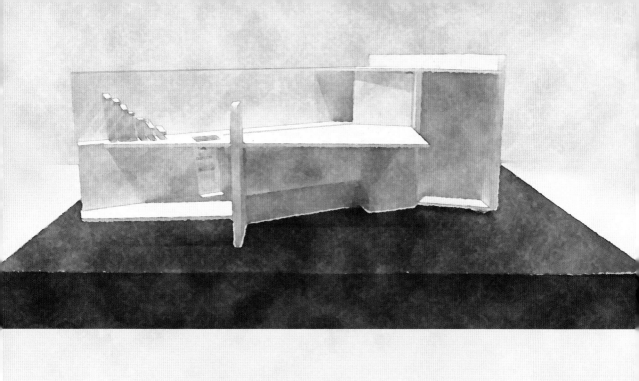

*Critique Review*

「待つ」「待たない」という現代的な問題を扱っているのですが、建築自体には結構不満がたくさんあります。待つための場所ということでつくってしまうと、今までのスポーツジムや区役所、動物園、美術館と結局変わらなくなってしまうので、建築にしていくときのプロセスをもう少し工夫できるといいなと思います。けれども、これは文章が結構きちんとしていて、自分の作品という感じがするんですよね。これは総評にも繋がるのですが、九州で何回か講評会に伺ったことがあるのですが、すごく濃厚な内容できっと学生の皆さんもすごく素直で、指導されている建築家の先生や建築ではないエンジニアの先生がすごく熱心に教えられていて、いろいろな意見を受けながら相当試行錯誤したのではないかな。素直にそれを飲み込んで自分の作品に取り込むような人もいると思いますが、文章を読むと、それらを最終的に自分のものにできたかどうかが分かるような感じがするんです。それで、論理展開がおかしいと思うものと、素直にさらりと書いているものの2つがありますが、42番の人は後者のほうに当てはまります。この人ならきっと、「待つ」ということをテーマにしたものが今後できるかもしれないと思えまして、プロジェクトの面白さと同時に自分のものにすることが大事だと思い、このコメントを差し上げたいと思いました。〈高橋 一平〉

# 待つ場所 Waiting & Waited Place

## 1. はじめに

「待つ」と聞いて多くの人がネガティブで否定的な印象を受ける。待つのは楽しくない、無意味で答えられるものなどはない。

しかし一体「待つ」とはどういうことなのだろうか。本当に待つことには無意味なものなのだろうか。私は疑問に思う。

## 2. 待つの分類

### ▷ 現代的待つ

私たちが日頃行う「待つ」とは、この後どうなるかであろうどうなってほしいという予めの見込みとその準備から走り、確定な未来を先取りしている「待つ」に近いという、待つである。その動作には明確な始まりと終わりがあり、「待つ」は有限である。

これを現代的待つとする。

### ▷ 未来的待つ

この待つとは日常で行うものとは違う意のままになず待つ意になる。意のままにならず待つが期待される、慣れた待つのような不確定な未来を想定しより確定な未来を含むという突発的で明確な終りがわからなかったりする。その為に無限に思われる「待つ」は未来的待つとする。

例）農業（図-2、図-3）

## 3. 街中の待つ

街中での「待つ」をリサーチしてみた。

しかし多くは現代的待つであり安定した未来求め見えているからどうとまんな「待つ」に待えんのだろうなスマホをいじり。

求めて「待つ」とは促進なのった。

### ▷ 歩行者の街

東京に栄えている駅の中で渋谷は地下空間からさまざまな発展していく。さらに北西エリアの道玄坂周辺は商業施設が地上に多く点在している。そのための多くの人が地上に溢れ、歩いている。しかし人々がゆっくり立ち止まれない街であると言える。

### ▷ 経済の街

また渋谷は流行を敏感に写し、常に利益を求めている。そのため所狭しと商業施設が立ち並び人が無償で休めるような場所はないと等しい。様々な活動が密集し人が密集するこの隙間にて空白の空間であると考える。そこで建物と建物の隙間に敷地を設定する。

## 4. 現代社会

### ▷ 待てない社会

記述の発展により、現代は待たなくて良い社会になった。ほとんどを予期する未来へ最短で行えるようになったからだ。

この便利な世の中で待つの必要はなくなるだろう。

### ▷ 待てない社会

その反面、待っていくとく数かの電車の遅延で頭を立てて、成功するか分からないのに手を出さない、失敗を見えず確証の待てないこくへの耐性を拒んでいる。そのため最短で行けるという手段を選ぶ。時間や気持ちや金などがないが故に途中にある愛情や愛、時の流れは昔から待てしまった。

その行為はまるに空疎で無個性である。

## 5. 敷地

渋谷駅

▼Site1 休憩施設エリア

▼Site2 喫煙所エリア

▼Site3 ファッションエリア

▼Site4 未来高度帯技設エリア

## 6. 設計

現代で失われてしまった純粋に待つ場所を設計する。

そこには用途も目的も利益もない、隙間を縫い、創り、周りに支えられることで自由な形のオブジェとなる。それぞれに行動を制限しないようにエリアに合った副詞的な名を付ける。

利用者は今一度自分と向き合い、待つことについて考える。

不思議な見た目に人が気が付く、何かしらの変化を待つ。渋谷にかつてでないこの場所ができることで、いつの間にか何かを待っている。

参考文献
鷲田清一「待つ」ということ
大菅治リ
エトガル・ケレッド「あの素晴らしいとち年」

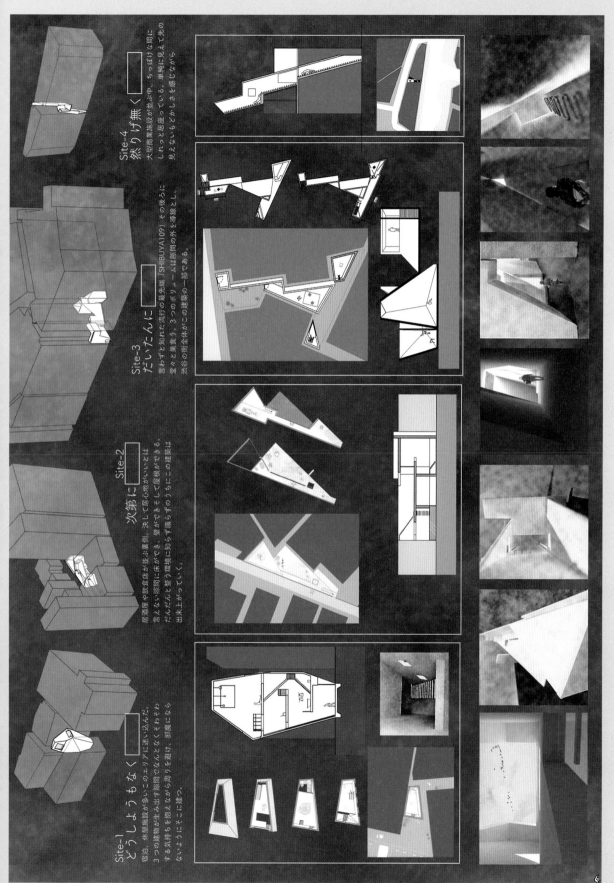

## Site-1
### どうしようもなく

宿泊、休憩施設が多いこのエリアに迷い込んだ。
3つの建物が生み出す隙間で床がない、壁ができる、そしてそれを
言えない隙間が生み出す隙間で床がない、壁ができる、そしてそれを
だんだんと抱えながら局らず遅け、部屋になら
ないようにそこに建つ。

## Site-2
### 次第に

居酒屋や飲食店が並ぶ裏側、決して居心地がいいとは
言えない隙間から出す隙間そして屋根ができる。
だんだんと整う環境に知らず識らずのうちにこの建築は
出来上がっていく。

## Site-3
### だいたんに

言わずと知れた流行の最先端「SHIBUYA109」その後ろに
堂々と集食う。3つのボリュームは隙間の外を導線とし、
渋谷の街全体がこの建築の一部である。

## Site-4
### 祭りげ無く

大型商業施設が並ぶ中、もっぱりな間に
しれっと居直っている。車軸に見えて先の
見えないもどかしさを感じなから

# さとや

私のふるさとは、大きな家族のような距離感の町民が、今でもたくさんの行事などの文化を町の為に守り続ける、人口250人ほどのいつか終わりゆく小さな農村。長い時間をかけゆっくりと発展し、これから衰退、そして破綻していく。このまちの記憶をどう残すか、どう町を看取り手向けるかを考えた。ここで実際に建て替え予定である公民館の建て替えを含めた。まちの記憶を残す、まちの中枢施設の提案を行う。故郷に残る人、文化、ふるまいを集めこの建築によって最期までを看取り、手向ける建築の提案「さとや」。

内田 大貴

麻生建築＆デザイン専門学校工学部建築士専攻科愛知産業大学併修コースB4

Illustrator, Photoshop, ArchiCAD, Twinmotion　□2〜3ヶ月　□1万円未満　□時間軸を意識して、町の過去と今、これからと終末そしてその先が繋がるようにつくりました。　□地場工務店の設計職　□最も影響を受けたのは熊本地震です。僕の実家はなくなり、18年間育ててくれた地域に何もできず離れることになりました。散々お世話になったのに家がなくなる時に何も残すことができない虚しさ、悲しさがきっかけで建築で何かできないかが原動力になっています。　□レモン画翠、東急ハンズ

## Critique Review

非常に小さな建物だとは思いますが、その土地のことや自分自身のふるさとのことなど、その風景に対して自分は何ができるかをすごく実直に取り組んでいるような気がするので、僕はこれがすごく良いと感じました。〈原田 祐馬〉

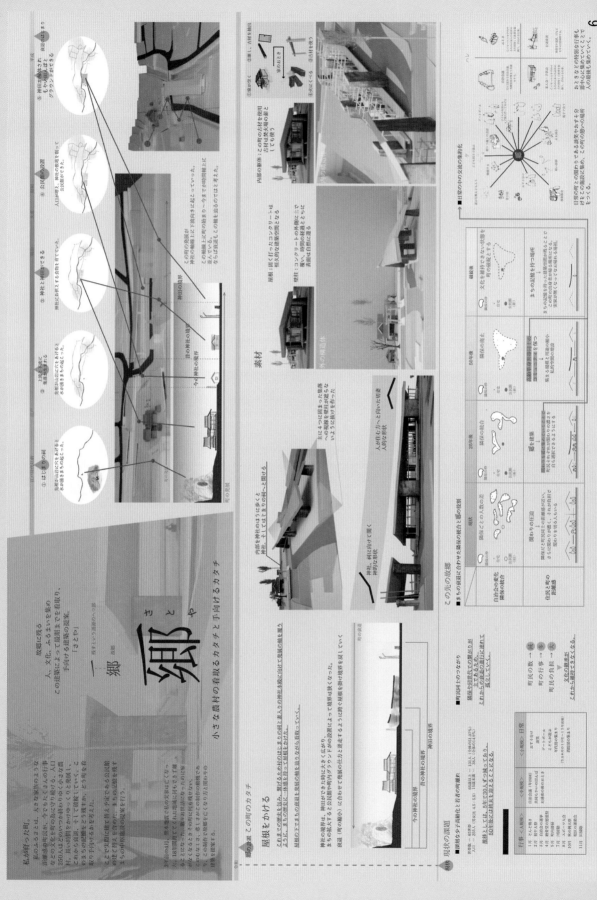

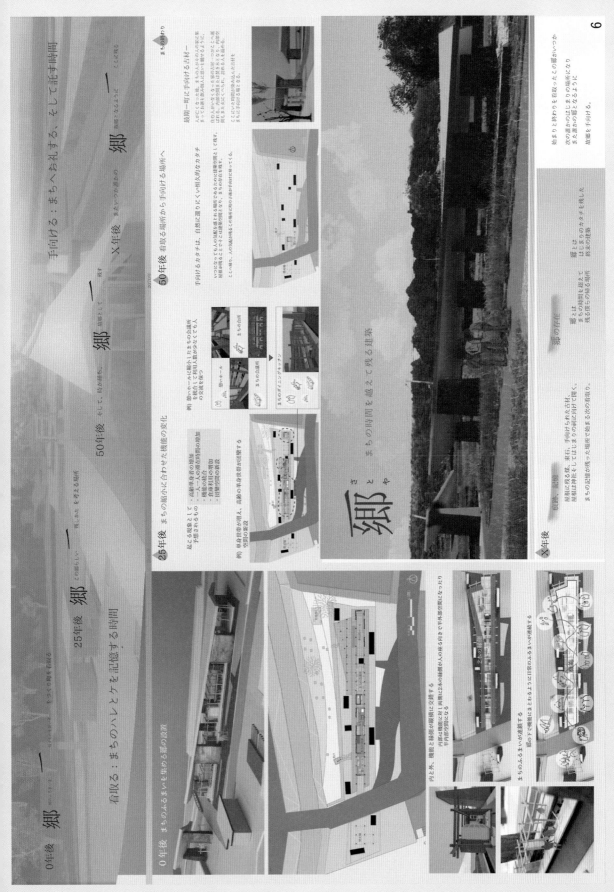

私が育った町。

私のふるさとは、大きな家族のような距離感の町民が、今でもたくさんの行事などの文化を町の為に守り続ける、人口250人ほどのいつか終わりゆく小さな農村。長い時間をかけゆっくりと発展し、これから衰退、そして破綻していく。このまちの記憶をどう残すか、どう町を看取り手向けるかを考えた。

ここで実際に建て替え予定である公民館の建て替えを含めた、まちの記憶を残すまちの中枢施設の提案を行う。

3年前の4月、熊本地震で私の実家は亡くなった。18年間育ててくれた地域に何もできず離ることになった。散々お世話になったのに家がなくなるときその町に何も残せない。
このむなしさ、悲しさがこの制作の動機であり、この制作で故郷を亡くなり方と関わりの建築を提案する。

故郷に残る
人、文化、ふるまいを集め
この建築によって最期までを看取り、
手向ける建築の提案。
「さとや」

一　残すという語源のへつ部
郷　故郷

鄉　さとや

小さな農村の看取るカタチと手向けるカタチ

江戸時代以前　江戸　明治　大正　昭和　平成

この町の発展が
神社の軸線上に下流向きに起こっていった。

この軸線上に町の始まり～今までが時間軸上に並んでいる。
ならば衰退もこの軸を辿るのではと考えた。

令和

鄉の設置 この町のカタチ

屋根をかける

これまでの歴史を包み、繋げるため村のはじまりの祠と妻入りの神社本殿に向けて発展の軸を覆うように、まちの歴史に一体感を持って屋根をかけた。

屋根の下でまちの衰退を発展の軸を辿りながら看取っていく。

主に４つに固まった集落への視線を壁柱が遮らないように抜けを作った

神社の境界は、神田ができた時に大きく広がり、
まちの拡大すると公民館や町内グラウンドがの設置によって境界は狭くなった。

衰退（町の縮小）に合わせて発展の仕方と逆走するように跨ぐ屋根を掛け境界を戻していく

素材

屋根：固く打ったコンクリートは恒久的な建築空間となる

壁柱：コンクリートの外側に土で覆い、時間の経過とともに表面は自然に還る

内部の躯体：この町の古材を使用
古材は焚火場の薪としても使う

現状 現状の課題

■深刻な少子高齢化と若者の町離れ

世帯数 … 85世帯　65歳以上 … 131人（全体の51.37%）
人口 … 255人（男女比 4.5：5.5）　15歳未満 … 38人（全体の14.9%）

推移としては、5年で30人ずつ減っており、
50年後には終末を迎えることになる。

[redacted]

行事 <大規模>	<中規模>	<小規模> 日常
1月 どんど焼き 2月 初午大祭 3月 自治会の選挙 4月 納骨堂の慰霊祭 5月 町内清掃 7月 川掃除 8月 スポーツ大会 10月 秋の例大祭 校区の運動会 11月 川掃除	自治会議（年四回） 共同もやいの田んぼ お通夜の後のおとき	おすそ分け 談笑 ゲートボール こどもが遊ぶ 年代別の集まり （生まれ年の10年～15年前後） 消防団の集まり

■町民同士のつながり

隣保や同世代での繋がりが
主であるため、
これからの衰退の進行に連れて
孤立していく。

町民の数 → 減
町の行事 → 多
町民の負担 → 大
▼
文化の継承が
これから維持できなくなる。

この先の故郷

■まちの衰退に合わせた隣保の統合と鄉の役割

	現状	25年後	50年後	破綻後
自治会の変化 隣保の統合	隣保ごとの人数の差 隣保の枠 / 住宅 / 公民館（旧）	隣保の統合 隣保の枠 / 住宅 / 公民館（新）	隣保の廃止 隣保の枠 / 住宅 / 公民館（新）	文化を維持できない状態を町の破綻とする 隣保の枠 / 住宅 / 公民館（新）
住民と町の 距離感	関わりの圧迫 ↓ 隣保だと町民同士の距離感が近い。さらに関わりが濃く、それが負担で関わりを切る人もいる	鄉を建築 ↓ 関わりを鄉に集めていくことで町民それぞれが関わりの濃さを自ら選択できるようにする	高齢単身世帯同士のコミュニティを保つ ↓ 集まる規模と用途の縮小 私的空間の増設	まちの記憶を持つ場所 ↓ まちの記憶を持った建築空間が残ることでこの町の出身者が帰る場所になる。 実家が無くなってなお帰れる場祖。

■日常の中の交流の集約化

日常の町との関わりである談笑やおすそ分けをこの施設に集め、この町の憩いの場所をつくる。

おときなどの特別な行事も鄉中心に集めていくことで人の最後も集めていく。

6

# 死街地畫布自治區

東京の都心部では再開発による破壊の連続によって、多くの街から雑多なものが失われていきました。このような開発を推し進める社会への叛逆の象徴として、失われていく空間的特徴を再構成することで雑多な街の要素を再認識させようとする建築を、自分たちで創る集団が現れます。街の破壊が繰り返される限り、永遠に彼らは雑多の重要さを主張し、社会への反発を示し続けていきます。これは、再開発によって失われていく街を取り戻す叛逆の物語です。

ID53

## 柳瀬 真朗

九州大学工学部建築学科B4

Answer 1. Illustrator, SketchUp　2. 1ヶ月未満　3. 10万円程度　4. ヒ＊＊ナヲ使ワナイ　5. 異空間設計　6. 新海誠　7. ナフコ

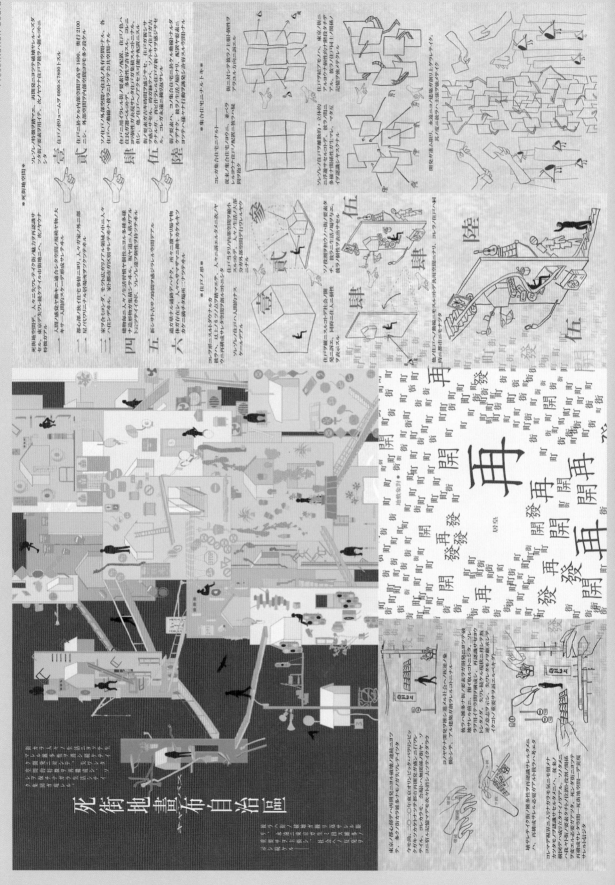

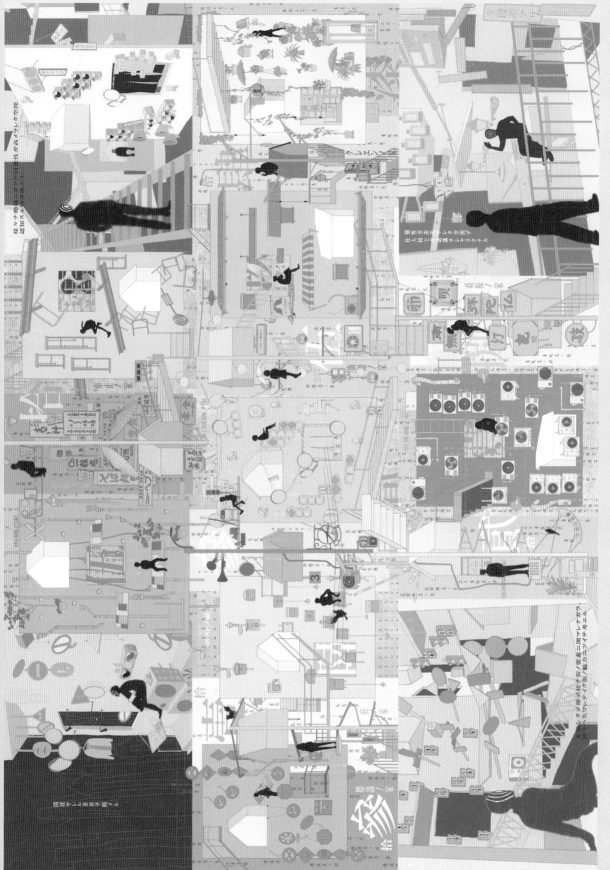

# 便乗する建築
## －和紙産業の作業工程を機能分解し地域資源として共用－

和紙産業の工程内にある機能を分解し建築化することで行為を新しい地域資源にする提案。例えば、楮干しの工程では干すという行為を介して周囲の暮らしが便乗し洗濯物や干し柿などを干しにくる楮蒸しや川晒しなど各工程内にある行為を建築化していく事で産業と暮らしが重なりあう。衰退し閉じていく伝統産業、地方集落の新しい関係性を考えた。

ID.55.
田所 佑哉
九州産業大学工学部建築学科B4

Illustrator, Photoshop, Sketch Up,
Vectorworks　2〜3ヶ月　10万円程度　伝
えたいことを明確にすること　設計事務所　小
林晢治、街にある小屋、使い倒される建築や場所の力
を顕在化させる建築が好きです。　マルゼン、100円
ショップ、ホームセンター等

siteA( 上流 )-1/30-

siteB( 中流 )-1/30-

siteA( 上流 )-1/300-　　　siteB( 中流 )-1/300-　　　siteA( 上流 )-1/1-

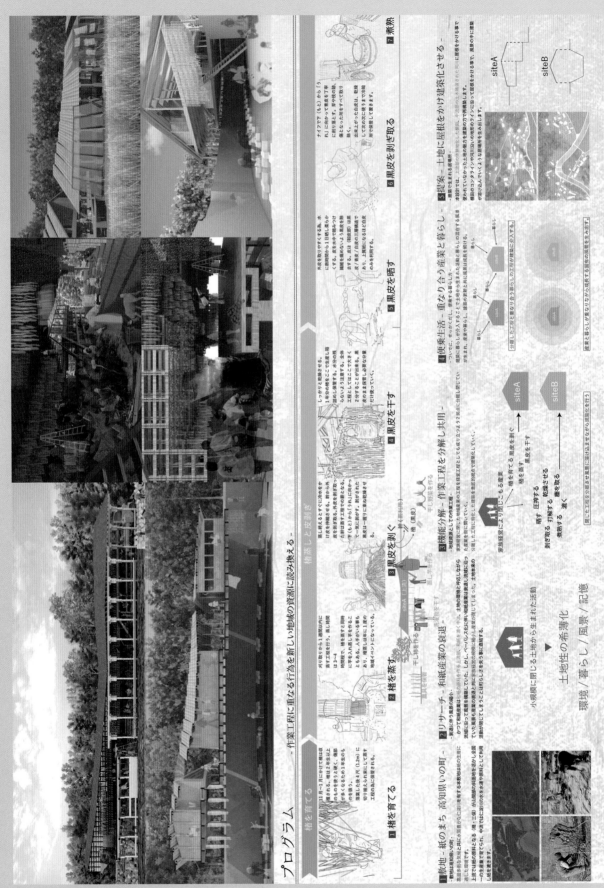

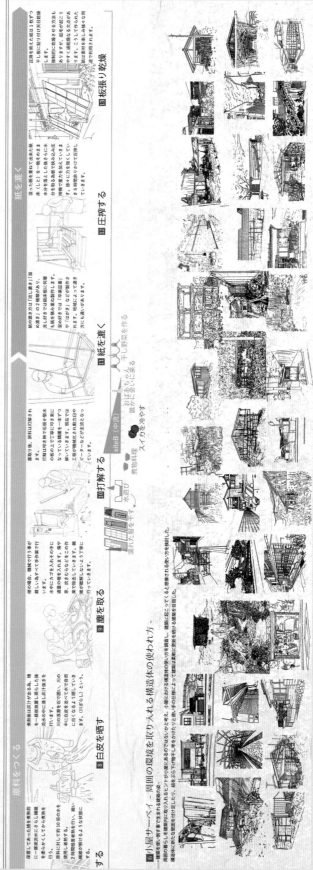

## 紙を漉く

### 13 板張り乾燥

### 12 圧搾する

### 11 紙を漉く

干し野菜を作る

### 10 打解する

siteB（中流）

水遊び

煮物料理
お湯で茹らやる
誰かが盛いに来る
スイカを冷やす

### 原料をつくる

### 9 塵を取る

### 8 白皮を晒す

### ①小屋サーベイ －周囲の環境を取り入れる構造体の使われ方－

# 橋上の町家 −都市の新たな動線空間−

計画敷地は観光都市京都でも特に観光者が多い地域である。この地を流れ
る鴨川は京都の都市軸として重要な存在だが、鴨川を介した東西の移動には
「橋」というツールを利用する以外に方法がなく、人の流れは一様で、鴨川は
障害物ともいえる。観光都市では近年観光交通問題の解決が重要視されて
おり、京都も例外ではない。この問題を解決する手段として鴨川の河川空間
を利用した新たな動線空間を計画し、人の流れを多様化する。

ID01
山崎 稜
滋賀県立大学環境科学部
環境建築デザイン学科B4

Illustrator, AutoCAD, ArchiCAD,
Twinmotion　1ヶ月未満　5万円程度　4. 構造
を魅せる、リアリティを持たせる、等　構造設計　6.
構造と意匠の両立　レモン画翠、ホームセンター等

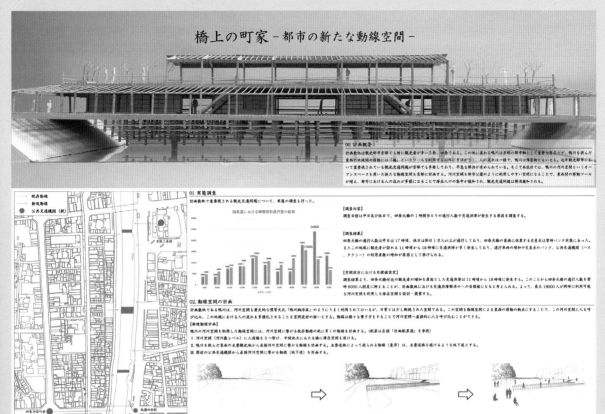

# 橋上の町家 －都市の新たな動線空間－

## 00. 計画概要

計画敷地は観光客甲車が多い特に観光客が多い三条、四条に近い。この地に流れる鴨川は京都の都市軸として重要な存在だが、鴨川を挟んだ東西の地域間の移動には「橋」というツールを利用する以外に手段がなく、人の流れは一様で、鴨川は障害となりえいる。近年観光客甲車によって重要視されている観光交通問題が甲車する予想される。そこで本設計では、鴨川の河川空間にリオープンスペースを用いた新たな動線空間を家来に計画する。河川空間を都市公園のように利用しやすい空間となることで、東西間の移動ツールが増え、都市における人の流れが多様になることで潜在入口の集中が緩和され、観光交通問題は解消緩和される。

## 01. 実態調査

計画敷地で重要視される観光交通問題について、実態の調査を行った。

**四条通における時間帯別通行量の推移**

【調査内容】
調査日程は平日及び休日の、四条大橋の1時間当たりの通行人数や交通渋滞が発生する原因を調査する。

【調査結果】
四条大橋の通行人数は平日は17時頃、休日は終日1万人以上が通行しており、四条大橋の表面に位置する交差点は常時パンク状態にあった。またこの地域に観光客が訪れる11時頃から18時頃に交通渋滞が多く発生しており、通行車両の増加や交差点のパンク、公共交通機関（バス、タクシー）の利用者数の増加が原因として挙げられる。

【空間設計における目標値設定】
調査結果より、四条大橋付近の観光客者の増加を原因とした交通渋滞は11時頃から18時頃に発生する。このことから四条大橋の通行人数を常時6000人程度に抑えることが、計画敷地における交通渋滞解消への目標値になると考えられる。よって、最大18000人が同時に利用可能な河川空間を利用した潜在空間を設計・構築する。

## 02. 動線空間の計画

計画敷地である鴨川は、河川空間を歴史的な慣習文化「鴨川納涼床」のようにうまく利用されているが、日常とは別の空間である。この空間を動線空間による東西の移動の拠点にすることで、この河川空間に人を呼び込み、この地域における人の流れを多様化させることを空間設計の狙いとする。動線は様々な繋がりをすることで河川空間へ近接的に人を呼び込むことができる。

鴨川の河川空間を利用した動線空間には、河川空間（河川敷レベル）に人道橋を3つ架けて、中間地点にあたる橋に潜在空間を設ける。(別紙左右図「計画配置図」を参照)
I. 河川空間（河川敷レベル）に人道橋を3つ架けて、中間地点にあたる橋に潜在空間を設ける。
II. 鴨川を挟んだ東西の主要観光地から直接河川空間に繋がる動線を計画する。主要道路によって遮られる動線（東西）は、主要道路を避けるような地下道とする。
III. 周辺の公共交通機関から直接河川空間に繋がる動線（地下道）を計画する。

現状から河川空間が周辺から断絶されている状況 → 動線空間を河川に変えた計画とすることで河川空間が周辺とのつながりを持ち始める → 河川空間を訪れる人が増え、都市公園として様々なアクティビティが生まれる

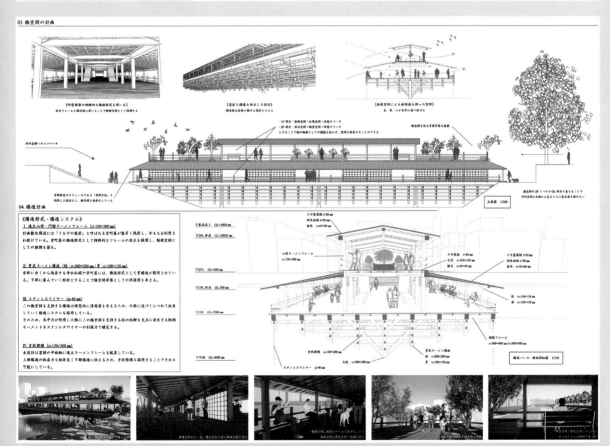

## 03. 橋空間の計画

## 04. 構造計画

**《構造形式・構造システム》**

**I. 通し柱山形・門形ラーメンフレーム** (D=150×300mm)
計画敷地周辺には「うなぎの寝床」と呼ばれる京町屋が数多く残存し、今もなお利用される続けている。京町屋の構造形式として特徴的なフレームの連立を採用し、動線空間としての強靭さを与える。

**II. 雪代ラーメン構造** (柱：□=200×200mm／梁：□=100×150mm)
京都に古くから現存する寺社仏閣には、構造形式として貫構造が採用されている。下部に薄んでいく形状とすることで橋空間建築としての浮遊感を与える。

**III. ステンレスワイヤー** (φ=40mm)
この動線空間を支持する橋梁は視覚的に浮遊感を与えるため、川面に近づくにつれて抜身していく構造システムを採用している。そのため、水平力が作用した橋にこの動線空間を支持する柱脚を支点に発生する転倒モーメントをステンレスワイヤーの引抗力で補完する。

**IV. 方杖桁橋** (D=150×300mm)
本設計は空間の平面軸に沿った方杖ラーメンフレームを配置している。上部橋構造の動力方を方杖長く下部構造に伝えるため、方杖桁橋を採用することでそれを可能にしている。

# 崖に立つ。息吹く湯治文化

最先端の飢餓に苦しむ現代人は時代の荒波に揉まれ、いつしか緊迫社会に疲れ果て、休息の地を求めていく。対して、日本には太古から湯治文化が存在する。湯治客は療養のため、3週間温泉地に滞在する。湯治は農業と密接に結びついており、農作業の後に疲れを癒すため、温泉を上手く活用する。この提案では歴史ある杖立観音岩温泉に隣接する崖を利用し、湯治という文化を建築と土木によって現代的な解釈を行うことを目的する。

ID12

## 奥田 康太郎

佐賀大学理工学部
都市工学科B4

Answer 1. Illustrator, Photoshop, SketchUp, Vectorworks 2. 1ヶ月未満 3. 1万円未満 4. プレゼンの流れとわかりやすさ 5. 一流建築士設計事務所 6. 結婚できない男 ワタナベ画材、グッデイ

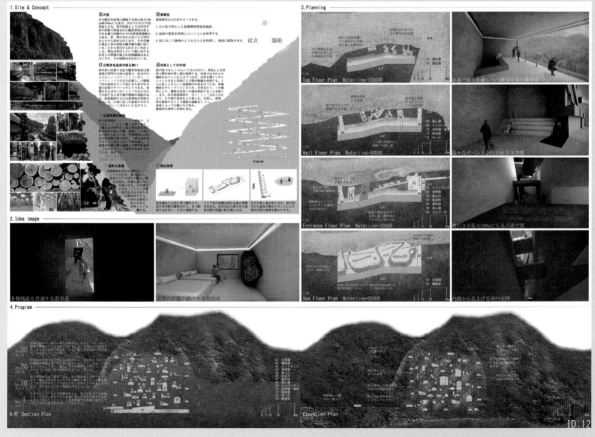

# 都市を記憶する構造体

## 木組みによる商店街の耐震化コンバージョンの提案

地震力に対して構造的な脆弱性をもつ地方都市の木造商店街を対象として、耐
震化によるコンバージョンを行う。既存建物の構造躯体を繋ぐように木造のグ
リッドを挿入していくことで、商店街全体を一つの構造体として耐震性能を付与
する。

ID16
濱上 結樹
九州大学芸術工学部環境設計学科B4

Illustrator, Photoshop, Rhinoceros,
Grasshopper　　1〜2ヶ月　　5万円程度　　作
品のコンセプトを丁寧に伝える。　　構造家　　佐
藤淳　　山本文房堂

都市を記憶する構造体 木組みによる商店街の耐震化コンバージョンの提案

**01. 南海トラフ沖大地震・首都直下型地震に対する既存商店街の脆弱性**

　日本では今後、都市部において大規模な地震災害が発生することが予想されており、鉄骨・RC造の中規模建築の耐震改修工事は勧められている。

　一方で、商店街に用いられている町家型の木造建築は地震力に対して構造的な脆弱性を持ちながらも経済的な要因から耐震化が進んでいない。

**02. 消滅可能性都市に点在する空地・空き家問題**

　少子高齢化に伴う人口減少によって2040年には全国896の地方自治体が「消滅可能性都市」に該当することが予想されている。

　また、地方の商店街においては過疎化による空き地や空き家の問題が深刻化しており、空きテナントが全体の3割を占める商店街も多く見られる。

**03. 提案**

【既存建物の構造躯体を紡ぐように木造のグリッド構造を挿入することで、商店街全体を160mの巨大な構造体として耐震性能を付与する。】

**04. 構造ダイアグラム**

　I. 商店型の町家は街路に対して大きな開口部をもち、桁行方向に比べて壁間口方向の壁量が少ないため、壁間口方向の水平力に対する抵抗力が低い。

　II. 商店街に点在している、空地や空き地の空間に2棟間の構造躯体を紡ぐように木組みを挿入することで、商店街全体を一つの構造体として固有周期を長周期化させる。

**05. 木造グリッド構造による耐震補強**

　在来軸組構造において、構造躯体は、自重を支える柱・梁と水平荷重に抵抗する筋交い、耐震壁によって構成される。水平力への抵抗要素を分離することで木造町家を軽量化させ、制震フレームとなる構造材を金物によって剛接合とすることでラーメン構造を成立させ、水平力の抵抗力を発揮させる。

在来軸組工法　構造躯体　　　　鉛直力への抵抗要素（柱・梁）　水平力への抵抗要素（耐力壁・筋交い）

水平力への抵抗要素を分離　　　鉛直力への抵抗要素（柱・梁）　木造グリッド（制震フレーム）

**06-1. 対象敷地・中津商店街**

　対象敷地の中津は大規模な再開発が勧められている大阪・うめきた地区の北部に隣接している。梅田貨物駅の開通により梅田から分断された中津では、再開発が進まず戦後からの木造密集地域が残されている。

中津商店街
梅田西開発地区
都北地区

---

**06-2. 中津商店街・新耐震基準と木密地域**

　昭和56年の新耐震基準の導入以前に建てられた木造住宅においては、大地震（震度6強程度）に対して十分な耐震性能を有していないため、倒壊による都市災害が懸念される。一方で、中津商店街の位置する大阪市北区は南海トラフ地震沖大地震において最大震度が6強となることが予想されている。

　商店街を中心に点在している空き家・空き地に木組みを挿入することで、中津の木密地域の災害への安全性を確保する。

中津商店街

**07. 制震フレームの空間化**

　建物の耐震改修に用いられる、筋交いや門型フレームなどの制震フレームを木組みによって、人の生活のスケールに合わせて空間化する。

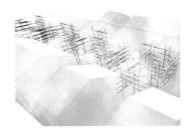

**08. 木造住宅耐震補強　軸組図 1/100**

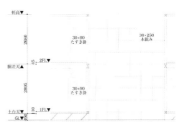

軒高▼
制震天▼　2FL▼
土台天▼　1FL▼
GL▼

30×90 たすき掛
30×250 木組み
30×90 たすき掛

**09. 耐震化を契機とした商店街の再興**

　空き家が点在し、廃れた地方都市の商店街を耐震改修をきっかけとして、人の手によって更新を続ける商店街への再興を目指す。

　I.　空き家となり、人による手入れがされなくなった木造住宅では構造躯体の損傷も激しく、地震時の倒壊が懸念される。また、建物同士が隣接している木密地域においては一棟の倒壊が全体に伝播する危険性がある。

　II.　所有者のわからない空き地は、人によって利用されず、商店街はさらに廃れていく。

　III.　2棟の木造町家を繋ぐ様に木組みを挿入する。木組みによって囲まれた半屋外空間を共有する人々によって、商店街の暮らしが更新されていく。

**10. 木組みによって生まれる商店街の賑わい**

　建物外部に水平力への抵抗要素を分離することによって、既存の在来軸組構法の木造住宅から耐震壁が消え、建物重量が軽量化される。これによって、木造住宅は周囲に対して大きな開口部をもつことが可能になり、木組みを通じて外部環境と繋がる。組みに囲まれた半屋外空間における、モノを媒介とした消費活動によって、商店街にかつての賑わいが生まれる。

古書店　　　　　　　　古着屋　　　　　　　　　　　　　ステージ
木組みを本棚として利用する　　晴れた日には木組みに取り付　　　木組みに囲まれた空間に人が集まることでコ
ことで、本を売り買いする空間　　けられたレールによって、古着　　ンサートが開かれる。木組みによって生まれる
と読む空間が繋がる。　　　　　　が外部空間に飾られる。　　　　　空間が人の行動を誘発する。

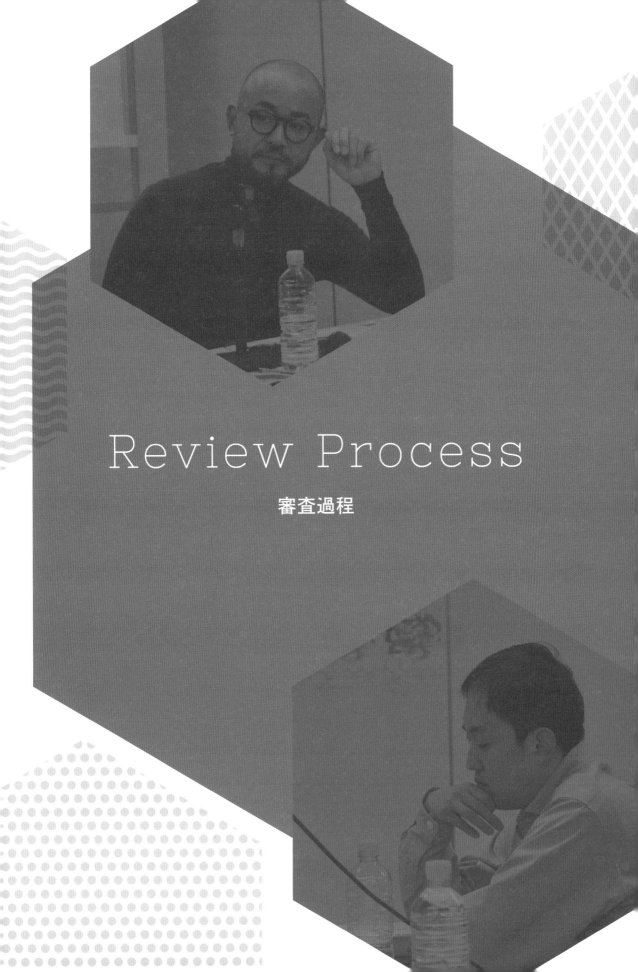

# Review Process

審査過程

本気でそれを建てようとして
いるのか。たとえ表現の土俵
がA3の1枚であろうと、それ
は明確に、くっきりと浮かび
上がってきます。審査員は勝
手に浮かび上がってきたもの
を、すくい取っているだけです。半
端な姿勢で挑んだところで、まず目に入
りません。
本選に進む作品が50程度と決められていたので選びましたが、正
直、そのような作品は50もありません。裏を返せば、本気でやりさ
えすれば、少なくともここではピックアップされるわけです。単純明
快、なんと簡単なことか。大学を出ると、本気でやることなんて前
提です。より良い世界を妄想して、理想を語り、それをあらゆる手を
使って何とか現実に引きずり込むのが建築家です。理想を語るまで
は割と誰でもできます。実際今回も、理想だけの作品がほとんどで
した。理想を現実に引っ張ってくる馬力と精神こそが、人を建築家た
らしめるのです。
大きな理想ほど、引っ張ってくるのが大変です。でも、そこに人は心
踊るのです。僕も常に心がけていますがなかなか難しい。ともに頑
張りましょう!
Kei Sasaki Architects
佐々木慧

# Qualifying examination

予選審査

予選審査ではA3のプレゼンボード1枚に凝
縮された情報を読み解きながら、あるいは
誤読しながら、作者のテーマ・マニフェスト
を探る。今年は大きく3つの傾向が散見され
た。1つ目は地域の生業や産業を題材にリ
サーチをし、地域の技術で場所を生み出すよ
うな提案。表現の密度が高く、最近のトレンドである
が、全てが「正しさ」に満ち溢れているようで、実務としてその
ようなプロジェクトに関わる者としては物足りない。2つ目は機能的
にはオーソドックスでありながら、場所の特性を生かしながら意味
の転換を図ろうとするもの。場所の特性からオリジナルなドローイ
ングや模型の表現方法が生まれており、機能を漂白したとしても残
る建築のありようが印象的である。3つ目はそこに描かれているも
の自体への理解は追いつかないが、表現に強度があり、作者に内
在する観念や内的必然を強く感じられるもの。まだ見ぬ将来への問
いかけであろうとする点に魅力があり、個人的にはその種の作品
に新鮮さを最も感じた。
佐賀大学准教授／yHa architects
平瀬有人

A3のプレゼンボード1枚での審査はドキドキです。ほとんどが卒業設計という前提があるため、社会性やプログラム、立体の美しさや背景となるシステムまで総合的な判断が求められます。長い時間と労力を表現するためか、誌面に「ギュウギュウに」レイアウトしているものが多かったです。かけたエネルギーを表現する体力勝負は勝率が高いかもしれません。しかし、文字が小さくて読みづらく、ダイアグラムも潰れていてかろうじて見えるといったものが多かったです。表現のフォーマットが変われば伝え方も変えるということを知って欲しいと思いました。

そんな中には数枚、自分の思想を伝えることを意識したミニマルで切れ味のよいものがありました。「騙されるかもしれない」と思いながら、そこで提示されるビジュアルからその背景にある姿勢、メッセージのようなものを読み込み選びました。

後で聞いたところによると、結果的にその数作品はA3のプレゼンのみではなく、内容も充実していたようでホッとしました。審査する側の建築観も試される真剣勝負でした。

百枝優建築設計事務所
百枝優

今年で7年連続で予選審査員となった。予算では概ね応募作品を1/3に絞る。本選会場の関係で、割と厳密な数字が決まっているが、不思議とほぼ1度目の投票で決まる。今年は新たな審査員が加わり、今までと様相が変わるかと思いきや、やはり1度の投票で決まった。実は4〜6人の審査員票のうち1票でも入れば、去年も今年も予選通過できている。と言うことは、誰か一人の目にとまれば良いのだ。一方、本選の結果を見ると、必ずしも予選で多くの票を集めた作品が善戦するとは限らない。

今年の本選でも、自明の「正しさ」を求めた作品については批判性がないとの議論があった。やはり、卒業設計に正解などないのである。私的な作品でも深掘りしていけば、人間として共通する課題に到達できるし、社会的な問題を扱っても身体性や知覚といった人間に立ち返ってくる。つまりは、自分が興味を持ったことを信じて深く深く掘り下げることが、卒業設計の唯一の正解のような気がする。

九州産業大学教授／矢作昌生建築設計事務所
矢作昌生

卒業設計は長い時間をかけて練り上げられた大作だ。それを一次選考のために、たった1枚のシートにまとめ直すのは、また逆に過酷なものだったはずだ。見る側から言えば、シートの中に切り取られ、畳み込まれ、詰め込まれた作品を、限られた時間でどこまで読み解くことができるのか、戦略めいたものが必要になる。そこで今回は、非常に主観的かつ身近な部分によりどころを求めてみた。つまり、つくったその人らしさが見えてくるかどうか、その人から直接作品について話を聞いてみたいかどうか、というすこぶる個人的かつ直感的なところから選考をおこなった。その結果浮かび上がって来た作品には、共通した傾向があったように思う。作品を取り巻くもの、例えば隣接する既存の建築、あるいは周辺の環境や街並み、さらには人々の営みや歴史・文化などに対してどのように気持ちを向け、心を寄り添わせていったのかが重要なポイントとなったのではないだろうか。

福岡大学教授
太記祐一

予選審査では185作品について6名の審査員が審査し、57作品を選出しました。個人的には毎年同じ視点で評価していますが、①本選での議論が行える論点があるか、②それを具体的なデザインで示そうとしているか、の2点を重視しています。例年②はそれなりにあるが、①が不足している作品が多いという傾向を感じ、今年もだいたい同じでした。やはり①があっての②であり、表現やデザインが目を引くものであっても簡単にいうとそれは「面白くない」ものなのです。

どのような作品が「面白い」のか。多少表現や完成度は荒削りでも、着眼の良さや論点の鋭さ、そしてそれを何とか解決・実現しようとする造形やデザインの模索が感じられるものだと思います。着眼や論点の内容は人それぞれで良いのです。が、その質の高さや鋭さは一朝一夕に生まれるものではなく、普段からよく勉強しているか、考え続けているか、ということが実は問われているのです。

熊本大学大学院教授／TASS建築研究所
田中智之

## 第1回投票

DR　それでは投票時間となりましたので、青木さんから順に選んだ作品を伺っていきます。特に推したい作品を◎として1作品、次点で推したい作品を○として2作品お選びください。

青木　◎は3番「他者から見た世界」、○が12番「崖に立つ。」と14番「出雲に海苔あり塩あり」です。

DR　門脇さんお願いします。

門脇　◎が7番「時器の森」、○が27番「風景の転写」、55番「便乗する建築」。

DR　髙橋さんお願いいたします。

髙橋　◎が40番「巣喰う街の観察日記」。○が1番「橋上の町家」と42番「待つ 場所」です。みんな全然違う（笑）。

DR　それでは最後に、原田さんお願いします。

原田　◎が6番「さとや」、○が14番「出雲に海苔あり塩あり」、16番「都市を記憶する構造体」。

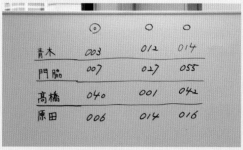

| | ◎ | ○ | ○ |
|---|---|---|---|
| 青木 | 003 | 012 | 014 |
| 門脇 | 007 | 027 | 055 |
| 髙橋 | 040 | 001 | 042 |
| 原田 | 006 | 014 | 016 |

ID03 … 016ページ参照　　ID40 … 022ページ参照
ID12 … 054ページ参照　　ID01 … 052ページ参照
ID14 … 028ページ参照　　ID42 … 036ページ参照
ID07 … 032ページ参照　　ID06 … 040ページ参照
ID27 … 010ページ参照　　ID16 … 056ページ参照
ID55 … 048ページ参照

DR　ありがとうございます。青木さんと原田さんが14番の作品に投票しているので、二次審査に進める作品の枠がまだ1つあります。もう1つ作品を挙げるとしたらどちらの作品ですか？

青木　悩ましいな。次点の作品が、他の方の投票作品と結構重なっているんですよね。

門脇　選んだ作品を全部並べて、作品内容のバランスを確認したいですよね。

原田　そうですよね。

門脇　全体を見て方向性が重なっている作品などがあれば、むしろ議論するために取り入れたほうがいいと思うかもしれません。

DR　それでは、3番「他者から見た世界」から順番にお願いします。

髙橋　軽く選んだ理由を説明しましょうか？

DR　では、まずは青木さんから。

青木　ビジュアルのインパクト以上に、全く新しいデザインの根拠を見出そうとしている。その姿勢が僕は素晴らしいと思います。一瞬のインパクトに訴えかけるような提案ではなく、真摯に建築のデザインに向き合っている、そのスタンスを高く評価したいと思って◎に選びました。あとは12番ですね。12番「崖に立つ。」は切り立った崖地に温泉施設を設計するという、もう本当に禁断の果実の作品（笑）。

高橋　カッコいいやつですね（笑）。

青木　そう、大体カッコよくなるじゃないですか。ただ、そのなかでも結構魅力的だと思っています。正攻法というか直球を投げかけてくるような、従来の建築のデザインといいますか。失われてほしくない、絶滅してほしくないという意味を込めて、二次審査に進む12作品の中の1作品として選ぼうと思いました。最後の14番「出雲に海苔あり塩あり」は、実は3番「他者から見た世界」と迷ったのですが、もの凄く緻密に設計されていて、ちょっと感心してしまいました。完成度が非常に高いと思います。完成度を単純に求めているわけではないのだけれど、純粋に作品のレベルが高いから推すべきという理由です。

DR　次、門脇さん。

門脇　はい。

DR　7番「時器の森」からお願いします。

門脇　7番は、タイルを使って新しい構造をつくるという作品で、一種のデザインリサーチだと思うんですね。つまり、取り掛かってつくってみてから研究するタイプの方法だと思います。そのようなアプローチをしたものは僕はあまり見たことがない。卒業設計というと自分の作家性を出すという感じにどうしてもなりがちだけれども、この作品は全然別の方向性をやろうとしていて、卒業設計の方向性を拡張するという意味では、この作品が入ってもいいのではないかと思いました。実際に試作をしたり構造解析をしたり、エンジニアリング的な妥当性を地道に検証していく点も評価できると思います。続いて27番「風景の転写」ですね。若干図式的なのですが、横丁を転写するというコンセプトが、極めてオリジナリティの高い方法のように思います。また、広角レンズで歪んだようなパースも大変インパクトがあって好感を持ちました。それから、ボリュームのポジとネガを読み替えたプランをつくってくれたわけですけれども、そこに「pocket」など独自の提案をつくってきちんと空間が機能しているというか、使われることをきちんと意識した設計になっているところもよいと思いました。続いて55番「便乗する建築」については、青木さんが選んだ14番「出雲に海苔あり塩あり」と悩んだので

すけれど、ある意味、最近の修士設計や卒業設計の優等生というか、地域の産業を建築化するというタイプのものなのですね。この種の作品はたくさん増えてきてはいます。また、このような作品が近代的な建築の構法、すなわち、鉄骨造とか鉄筋コンクリート造とか白い壁とか、そういったものを前提としないような組み立て方になっているのは面白いことなので、我々自身の建築を考えるうえでも議論したいとも思います。しかし、そのような視点で考えてみると、青木さんが選んだ14番はコンクリートの基礎断面がすごいんですよ。コンクリートというのは、ポルトランドセメントを焼成させて使うので、実は環境負荷が非常に大きな材料で、僕個人としてはコンクリートをあまり使いたくありませんが、特にこのような提案の場合の基礎断面だと相当違和感があるということが、55番を選んだ理由です。また後で議論できれば。両方あってもいいのではないかなとは思います。

青木　読み間違えたかな、これは既存堤防じゃない？

門脇　既存堤防？

青木　既存の桟橋を使っているんじゃないかな？

門脇　だとしたら、僕の言葉は当てはまらないので、14番もありかなと思いました。どちらも力がある作品だと思います。

高橋　全部見ていくなかで僕が選んだ3つというのは、完成した建築それ自体がプロジェクトの目的になっていないものです。40番「巣喰う街の観察日記」は、大阪のごちゃごちゃとした市街地が廃墟になっていくところへ、場所の1個1個に想像力を働かせている。想像力がたくましい人なのだと思いますが、一つずつ想像していき、新しい使い方とともに新しい建築をつくっていく。そのなかでも8個だけポートフォリオ上に取り上げられていますが、もっとたくさんあり、それらが最終的に1個の大きな街の姿になっていくのは、今の時代での新しい豊かさというのは何かを伝えようとしていると感じました。今の時代は「人新世」と言われていると思いますが、この作品は人新世以降の建築という感じがしました。それから、1番「橋上の町家」はすごくストレートな建築なのですが、中国に行くとこのような建築はいっぱい建っていますよね。橋が架かっていてそこが交流の場所となっている。それらと同様に、この提案もこの橋をつくることが目的というよりは、橋をつくったことで何が起こるかとか、鴨川の右と左で何がどう変わるかということに対して提案しているのではないか、本人にも聞いてみたいと思ったし、感心を持ちました。42番「待つ　場所」はドローイングが地味なのですが、書いてあることが結構鋭いと僕は思いました。「待たない社会」と「待てない社会」ということが書かれていますが、

これに対して、「人を待つ」ということをプログラムにして建築をつくるのは、人間にとって本質的な建築の始まりではないか。ただ図書館をつくるとか美術館をつくるとか、アーティストインレジデンスなどの話ではなく、プログラムから開発されているところは面白いかな。

DR　原田さん、6番「さとや」からお願いします。

原田　はい、よろしくお願いします。全体の印象なのですが、社会や地域の課題が丁寧に考えられている反面、基本的に建築と空間だけで解決しようとしているものが多いなと思いながら見ていました。オンラインとの共存のようなことが考えられている作品は、アイデアとしては1つぐらいしかなかったなというのがすごく印象的でした。あとは、分散されている建築に対して、1つの屋根を架けているものが多かった印象があります。そんななかで僕が選んだ6番は、建物を建てているけれども、最終的には沖縄のお墓のような存在をつくろうとしていて、その前で人が佇んだりその前で飲み会を開いたりといった使われるシーンがすごくたくさん想像されていて、農村自体が消えていくときに建物がどうあるべきかをすごく考えられているように感じました。それで、14番「出雲に海苔あり塩あり」に関しましては、僕はいろいろな地域をまわることが多いので、塩づくりの現場などもよく見に行くのですが、すごくよく考えられている提案だと思いました。僕も塩づくりの小屋を見たときに結構感動しまして、もっと見学できるようになればいいのにとよく思ってはいたのですが、どうやって開いていくか設計したいと思っている人がいることに感銘を受けました。16番「都市を記憶する構造体」に関してはですね、おそらくこの提案書だけでは全然理解できない提案のような気がしたのですが、大阪の中津という場所はSPACESPACEさんが事務所を持っているエリアで、そこの商店街は大阪にとってはすごく重要な商店街だと僕も思っているので、どうやって残していくのかということをもし考えて実行できるようになれば、他の小さな商店街も守っていける、もしくは、続けられる1つの提案になるのではないかと思って選びました。

高橋　バリエーションが多くて良かったかな。

青木　そうですね。

## 12選の最後の1枠を決める

門脇　では、青木さんか原田さんがそれぞれ追加で1個選ぶとか？

青木　なるほど。それでは先に1つ挙げてみてもいいですか？

原田　はい、お願いします。

青木　53番「死街地畫布自治區」。これもよく分からないので

すけれど、新しいプレゼンテーションが行われていますよね。テキストが非常に読みづらくて諦めたのですが、配布されたポートフォリオを読んでいると、都市のエネルギーを自ら取り戻すんだという力強い宣言がなされていて、魅力を感じました。あと、もう1作品ありまして、これは残さなくてもいいのですが、20番「寄生住」。ここで取り上げてみたい。

高橋　20番は僕も気になりましたね。

青木　最初は馬鹿馬鹿しいと思っていたのですが、非常に真面目に設計しているんですよ。2ページ目とかやばいよね。だから話してみたいと思ったんですよね。

門脇　僕もすごく良いと思いました。ここで食料も生産できると本当に生業が生まれる。

青木　可能性を示唆しているというか、深読みを誘うというか。

門脇　エネルギーまで考えているのはすごく良いと思った。

青木　ちょっと気になったよね、どうしましょうか。2つ挙げましたけれど、原田さんいかがですか？

原田　そうですね、重複していないのですが、もっと大きなスケールの51番「Mobilivity」が少し気にはなっています。2050年以降の都市のあり方を語っている人はほぼいなかったので、少し気になっていました。そういう人がもっといるのかなと思っていました。

青木　確かにこのようなスケールを扱っている作品は意外と少なかったですよね。

門脇　少し現実にありそうな提案の学生版という感じですね。少しそこが気になりますよね。

青木　そうですよね、アウトプットも気になるんだよな。

原田　それは気になりました。

高橋　もう少し絵が良ければ。なんというかこの絵が建築的ではないんだよね…。

青木　僕はテーマが壮大で素晴らしいなと思ったのですが、やはり少し楽観的すぎるのではないかな。

高橋　そうですよね。

青木　それがデザインに表れてしまっているような気がするんです。

門脇　ちょっと批評性が足りないというんですかね。

青木　とはいえ、20番「寄生住」のパラボラを推していいのかという（笑）。

門脇　パラボラの案は僕も面白いと思いますが、新しく付加される部分がかなり近代的な言語でできていて、そこは設定する世界観が少し違うのではないかな。

高橋　20番は面白いのではないかなと思いましたね。

青木　面白いね。

門脇　いろいろな可能性を掘り起こせますよね。53番も面白いと思ったけれど、いろいろな部品が出てくる話が背景の色で誤魔化されているのが若干気になりました。

あと、このようなテーマは今の流行でもある。ただ、このような作品が今の時代に残るのは、1つの時代の記録になるのかなとは思いました。

青木　ある種の都市の雑多な部分に何かしらの生のエネルギーを見出して、それをいかに取り戻すかという提案自体は確かに最近よくあるものだと思いましたが、実際には、室外機が並んでいる風景や路地など、新しいものを掬い上げることができていないのではないかという気もしています。そういう意味では、テーマは面白いのだけれども、今後につながるアウトプットなのかが少し気になります。

門脇　このポップな感覚とか80sリバイバル的な感覚がね。

髙橋　市街地の「市」が「死」になっているとか、少しイデオロギーが出すぎているかなという感じはします。

青木　そうですね。

門脇　あと少し空間になっていないのが心配なんだよね。模型なりパースなりが1個あれば安心できるのですが。

原田　どんな建築ができているのか少し分からない。

青木　そうですね、それはちょっと分からない。

門脇　ただそれらをなくして徹底的に振り切った案だと言われると、そうかなとも思える。悩ましい。

青木　悩ましいですね。

門脇　14番「出雲に海苔あり塩あり」の塩の作品が残るとしたら、55番「便乗する建築」を検討したい。

髙橋　55番以外の作品から2つを選ぶとすると?

門脇　青木さんが選んだ20番「寄生住」と53番「死街地畫布自治区」。

青木　なるほど。55番「便乗する建築」は確かに14番「出雲に海苔あり塩あり」と少し重なる部分がありますよね。

門脇　14番のテーマは流行りものではあるけれど、そのなかの完成度で競うのであれば、また、先ほど話したように僕が堤防と読み取れていなかったのであれば、55番ではなく、青木さん推薦作品のほうを残します。

青木　それほど激烈に推したいわけじゃないですよ。

髙橋　でも55番はなかなかの力作じゃないですか。模型もつくっていて物質的だし。

青木　実際に模型を見たことがありますが、丁寧にできていて本当に素晴らしかったです。12番の「崖に立つ。」は何というかカッコいい(笑)。これは我々の世代のある種の卒業設計のトレンドで、例えば14番「出雲に海苔あり塩あり」は現代の卒業設計のトレンド。新旧対決のようなところが少しあるかもしれない。

門脇　それでは、あと1つの枠は53番「死街地畫布自治区」か20番「寄生住」のどちらかにします。

青木　そうですね、それがいいと思います。

髙橋　51番はなしでよろしいですか?

原田　大丈夫です。

門脇　どうしましょう、どちらでも議論にはなると思います。

青木　なると思いますね。

門脇　でも53番は全体的に少し稚拙なのが気になる。もしかしたら学部の低学年なのかもしれない。20番もね。

青木　意外と3年生かもしれない。

門脇　面白いけどね。

青木　53番は髙橋さんが推していた40番「巣喰う街の観察日記」とすごく迷ったんですよ。次点だったのですが、53番は40番と違った面白さがあって。40番は大きな方向性としては53番と少し重なる部分があるのではないかなという気がしました。ただ、40番のほうが空間性もあるし、きちんと建築の設計になっている気がしますよね。53番と方向性が重なりつつも、僕らが求めている表れ方はやはり40番な気がします。

門脇　でもこの40番のレトロフューチャーな感じは、ある意味我々の世代的でもあるじゃないですか。53番はおそらく我々の世代からは出てこない。そういう意味でも53番はあってもいいのかなと僕は思います。中国語を積極的に取り込む感覚も面白いとは思っていますね。

髙橋　最後は平瀬さん選んで(笑)。

平瀬　僕には審査権はありません(笑)。でも、53番も気になるんですよね。新世代の感覚というか。

青木　まぁ確かに、このようなレビューの場は時代の写し鏡であるべきと思うので、新しい時代を反映させた作品を十分に読み取ることができなかったとしても、選ぶ必要はあるのかなという気はしますけれどね。

平瀬　今日の審査員はほぼ同じ世代なので、90年代の卒業設計はみんな見ていますね。

門脇　ジェンダーが偏っているのも僕は少し気になっています。敢えて我々が選ばなさそうなのを積極的に選んでみても。

平瀬　それはありかもしれないですね。

青木　30番「カワイく暮らす街」は選べなかったな(笑)。

平瀬　それはもう世代の特徴ですよね。

門脇　20番「寄生住」のは面白いのだけれども、ある意味内容は想像がつくから。

青木　我々の世代ではないかもしれない。

髙橋　53番「死街地畫布自治区」にしますか(笑)。20番「寄生住」はドローイングが良くなかった。

門脇　少し幼い感じがしますね。まだ建築のことをしっかり勉強していなさそうな感じが伝わる。

髙橋　そうなんだよね。

DR　最後の1枠は53番「死街地畫布自治区」という形でよろしいでしょうか? それでは、12選が決定いたしました。

## 二次審査作品の評価

平瀬　司会を担当いたします、佐賀大学の平瀬と申します。それでは、簡単で結構ですので一次審査で選出したそれぞれの3作品についてのコメントを青木さんから順にお願いいたします。

青木　まず3番「他者から見た世界」なのですが、これはビジュアルのインパクトに打ちのめされました。ただインパクトに訴えるような作品ではなく、作者のスタンスに非常に共感しました。全く新しいデザインの根拠を探し当てるという気概を感じ、そのうえで丁寧にデザインをまとめていて、最終的には全く見たことのないような建築が立ち上げられている。その全く新しいデザイン、そして貪欲なプロセス、姿勢に非常に共感しましたし、高く評価すべきだろうと思いました。そして次が12番「崖に立つ。」。12番に関しては、我々の世代から見ると非常に懐かしい卒業設計の王道のような案なのですが、切り立った崖に温浴施設を計画するという、ある種、禁断の果実のような案だと思うのです。最近こういった直球を投げかけるような案がなかなか居場所を失っているのではないかという思いもあり、やはり建築の空間の魅力を素直に押し出したような案はいつまでも失われてほしくないという思いから票を投じました。

最後の14番「出雲に海苔あり塩あり」なのですが、3番と12番に関してはどちらかというとアイデアの可能性ですね。どのようなかたちでボールを遠くに投げかけているのかというような、その作者の姿勢を評価したいなという思いもあったのですが、14番に関しては作者の姿勢のみならず、設計の密度が非常に高いのと、リサーチの内容ですね。そして、最終的なアウトプットをまとめていくというプロセスの完成度が非常に高い。そういった意味では、57作品のなかでも非常にレベルの高い作品のため、この案を推さずにはいられないということから選びました。

平瀬　はい、ありがとうございました。次に門脇さん、よろしくお願いします。

門脇　まず選んだのは7番「時器の森」ですね。7番はかたちや提案そのものは一見するとよくあるというか、それほどオリジナリティがないようにも思うのですが、僕が最大に評価したのはアプローチの部分です。提案としては、磁器を使ってある種の構造体をつくる試みです。その構造体をつくるにあたっての簡単な構造解析、4分の1のモックアップ制作をしていますが、アプローチとしてはデザインリサーチと呼ばれる、提案をもとに研究をする方法に非常に近いようなものだと思います。卒業設計というと、自分の作家性を確立するた

めに最大限作家性を出すやり方が日本の主流ですけれども、一方で、建築の設計というものを考えると、もう少し裾野の広い概念だと考えています。そういったなかでこのようなスタンスの設計アプローチもあり得るんだろうということで、今回一次審査に残った作品の中で唯一そのアプローチをしていたこともあり、この作品を選びました。それから案の内容に関しても、かたちとしてはそれほどオリジナリティがないかと思いますが、磁器を使って組積造でつくると本人は言っており、磁器で構造物をつくることが何かしらの新しい可能性を切り開くのだろうということで、提案としても一定のレベルに達しているのではと思って選んでいます。続いて27番「風景の転写」です。27番は横丁の風景を転写するという提案ですけれども、横丁や商店街、路地などの空間性を残していくのは卒業設計によくあるものだと思いますが、その方法が非常に高いオリジナリティを持っていると思って評価しました。やっていることは、屋根のかたちをトレースしたある種の大屋根をつくって、その下の平面について内外を反転させたかたちで再構築するというものです。やや平面図式的アプローチであるという点では、10年くらい前の雰囲気を感じるものですけれども、一方でその平面図式的にできた平面図がなかなか良くできていると思いました。例えば、建物だったところは外部空間になるわけですが、その空間がきちんと使われることを平面や名称の付け方、模型等できちんと説得力のある説明をしている、その点が非常にいいなと思いました。また、パースが非常に広角というか魚眼レンズで歪んでいるのですが、その表現方法を含め、何か訴えるものがあったのでその点を評価しています。非常にオリジナリティの高い作品だと思います。

続いて55番「便乗する建築」ですね。55番は、最近の修士設計や卒業設計の流行りの集大成という感じも少しありますが、和紙という廃れる産業を題材に、手工業的なかつての産業のプロセスを建築化し、その建築を地域に対して開くことによって産業に目を向けさせ、ある種の集落を開いたり観光を誘致したりという提案だと思います。なぜこれを選んだかというと、この手の作品は今回もすごく多かったのですけれども、我々プロの建築家に対しても1つの問題提起、考えるきっかけを与えてくれていると思い、そのことを議論したいと思って選びました。まず重要なことは建築をつくっている構法が近代的な方法に拠らなくなるというのが一つの特徴で、例えば、鉄骨とかコンクリートとかがこういう作品から排除されているんですね。そのことは、近代建築をつくっていた基本的なつくり方をキャンセルし、かつての文法を取り戻すという意味で

非常に面白いアプローチだと思っていますが、こうしたアプローチが流行っていることについても議論したいと思います。また、これらの作品のつくり方の点で話すと、おそらく近代的な建築材料を使わないでプレ近代に戻るのだという話ではなく、むしろ職人の高度な技芸的なものが排除される方向性に進んでいるということなんです。この作品が行っているのも、どちらかというと、素人が簡単にインパクトなどを使って組み立てられそうな、非常に簡素な工法の提案。このようなものが近代の後のポスト近代に現れるとすると、それはどういうことなのか、審査員の方々と議論したくて55番を選んでいます。こういった内容の作品の中では非常に完成度が高く、実物の模型を見られなくて残念です。ただ、模型写真を見ると非常に迫力があってつくり込まれた模型であり、また、全体的な完成度や、先ほど話したプレ近代的な工法の点から、55番を選びました。

平瀬　それでは髙橋さん、お願いします。

髙橋　出展作品に卒業設計と修士設計、学部の設計課題が混ざっている点については特に気にしないで見ていました。57作品のなかには、やりたいこと、つくったことをかたちで表しているものが多かったと思いますが、僕が選んだ3つは40番「巣喰う街の観察日記」と1番「橋上の町家」と42番「待つ　場所」で、やりたいことをかたちづくり、そのつくったものが素晴らしいかどうかではなく、やりたいことや未来などに向かって建築で何ができるかというような、建築への希望が込められていると思えた3作品を選んでいます。

具体的には、40番「巣喰う街の観察日記」の場合は大阪のビル街の一角を、すごく人工的でガラクタ街のようになっているところを再発見し、創造的に新しい街をつくっていくということです。40番の人は器用な方で、提案している一個一個のシーンの演出もすごく上手くて、ともすれば、ポストモダンのようなプレゼンテーションになっているのは気にはなりますが、背後にある考え方としてはすごく現状に対して肯定的ですし、今の社会が嫌だということをあまり言わないで、豊かさを獲得する提案になっているのではないかと思いました。

1番「橋上の町家」の京都の橋を架ける提案については、わりとノスタルジックというか、中国などに行くと川にたくさん橋が架かっていて共有空間になっている例が結構あります。ただ、それを京都に展開するという意味では、既視感はあるけれど、これを実行することで京都の街が鴨川を挟んでつながっていくという狙い、そして、そのためにこの橋があるという意味では良い案ではないかと思いました。それから、42番「待

つ 場所」の提案は一番僕の言いたいことを表していて、「待つ」ということをプログラムにした建築にしています。例えば、美術館や観光施設、物産館というようにみんな既存のプログラムを使って建築をつくるのですが、「待つ」ということをプログラムにするというのはなかなか新しい、鋭い切り口だと思いました。今の現代社会は待てないとか待たないだとか、そういうメンタリティのなかにあることでできあがっているとし、それ自体に問題を提起しているという意味では非常に鋭い切り口の提案ではないかと思っています。しかし、『待つ』の示し方は2つあると思うんです。私が誰かを待つという主観的な観点と、その建物が何かを待っているような様を唯物論的に建築だけでもしくは物体として示すというものと。それがこの案の場合、混ざっていて分かりづらい部分があったかなと思います。ただ、これら3作品とも興味深い作品なので推させていただきました。

平瀬　はい、ありがとうございました。それでは原田さん、お願いします。

原田　原田です。社会や地域の課題を丁寧に考えられているプロジェクトが多いなと思っている反面、全体を通して建築や空間だけで解決しようとしているものが多いと感じながら見ていました。オンラインとの共存や、そこから新しいことがどう考えられるのかというチャレンジをもう少し見たいなと思いながらみなさんの提案を見ていました。

僕が選んだ作品の1つ目は6番「さとや」です。こちらに関しては、すごく静かな時間と賑やかな時間が思い浮かぶ提案だと感じました。すごく小さな集落のなかの小さな建物でどのようなことができるのかをすごく真剣に設計と向き合った良い提案だと思いました。集落がなくなった後も、沖縄のお墓のように人が集まれるような、そこでの楽しいシーンが想像できるような空間として設計されているのが良かったです。

2つ目は14番「出雲に海苔あり塩あり」で青木さんと同じものを選んでいますが、僕も実際に塩づくりの現場などをいろいろ見に行ったことがあります。僕も、このような小屋のようなものをほかの人も楽しめるようにできないか考えていました。非常に営みとしては儚いものだと思うのですが、いかにも消えそうな、いつなくなってもいいような建築で現れていることに僕はすごく共感を持てました。

3つ目は16番「都市を記憶する構造体」です。16番は大阪の梅田周辺の中津というエリアで、大阪のなかで今最も変化がある場所だと思うのですが、そこにある商店街に大きな屋根を架けて1つの塊にしていくという提案です。このような内容は他にもいくつかあっ

たと思いますが、それらの中でも最も実直に風景を見ながら設計をしていて、生きた空間になっていけばいいなと思いながら評価をしました。

青木さんと14番が重なったので、追加で51番「2050年、8000人を対象としたひとつの大きな家。」を選ばせていただいたのですが、たくさんある提案のなかで未来を考えているものは、ほぼこれのみだったのではないかなと思って選びました。建築の形態の理由のようなものは、説明を聞かないと分からないこともきっと多いと思ったのですが、51番の方が考えているビジョンのようなものをご本人からもう少し聞けたら面白そうだなと思い、選びました。

平瀬　ありがとうございました。同じように青木さんには、追加で投票した53番、20番についてコメントをいただけますか?

青木　まず53番「死街地畫布自治区」に関しては、プレゼンテーションに惹かれたのですが、作者のメッセージにも非常に共感を覚えました。生の実感が失われつつある社会から、何か生きる意欲を取り戻すというようなメッセージが非常に力強く感じられて、推したいなと。ただ、惜しまれる点としては、最終的なアウトプットが建築の姿、かたちを成していないこと。一方で、このようなレビューの場は時代の写し鏡になるべきだと思いまして、新しい時代の建築のアウトプットなのかもしれない本作品に関しては、少し議論の中で深堀りしていけるといいのではないかなと思いました。それから、惜しくも二次審査には残らなかった20番「寄生住」ですね。巨大なパラボラアンテナに住むという、ちょっと馬鹿馬鹿しい案で、最初は企画のインパクトに訴えかけるような案なのかと思っていましたが、パラボラアンテナを執拗に観察して丁寧に設計しようとしているんですね。そのスタンスは結構面白いのではないかと思いました。審査員の間でも先ほど議論になったのですが、1つ1つのデザインの言語が企画の特異性に対して少し合っていないという違和感を覚えてしまい、53番に比べるとちょっと推しきれないかなということで、惜しくも選出を取り下げました。

平瀬　はい、ありがとうございます。今話していただいた53番、20番、51番の3作品は先ほど審査員の先生方で議論しているので、どなたか3作品についてコメントしていただけるといいかなと思うのですが、いかがでしょうか? それでは髙橋さんお願いします。

髙橋　20番「寄生住」のパラボラアンテナの作品は僕も注目していたんですね。最初はアイデアコンペのような内容だと思ったのですが、よく見るときちんと設計していました。ただ、この提案の大事なところは、パラボラアンテナが大曲面になっていることで、光を集めてエネ

ルギーに使えるということですが、その重要な大曲面の上に住戸を建てているんですよね。それがすごく気になりました。どちらかというと、パラボラアンテナの付け根の部分に住むといった計画の仕方もあったような気もして、そこが納得いかなかったところです。

平瀬　はい、門脇さん。

門脇　パラボラアンテナの案は僕も非常に面白いと思ったのですけれど、パラボラの特性を若干生かし切れていない印象です。エネルギーをつくるということですが、人が普通に生きるための糧がここで得られるのだというくらいに、もっと押し切ってしまえばいいのではと思ったのですが、まだそこまで至っていないですね。例えばパラボラ面を上手く使うと、光を集められるとか、地上とは違う植物を育てられるとか、そういったアイデアをたくさん出せると思うのですが、そこまでやり切れていないのが残念でした。また、このように人間の文明が豊かだった時の産物を生かしていく世界なのだとすると、ここに付加される建築はおそらくもっとローテクなものでできるのではないかと思うんですね。ところが、できているものがわりと大きなガラス面であり、現状のつくり方に即しているものになっているのが惜しい。もし、できているものが作品の世界観に沿っていて、さらに新しいデザインとして結実していたら非常に強く推せたと思います。

平瀬　はい、ありがとうございます。それでは、51番のモビリティをテーマにした作品についても話していただきたいです。先ほどの42番の「待つ 場所」の提案と同様に、新しい情報時代というか、新しい可能性を持っているテーマですが、これについてもコメントいただければと思います。

門脇　自動運転はいろいろな面白い話が展開できると思うんですね。何年か前に僕の研究室で卒業設計を行った学生が、シェア型の自動運転車ができてくると、ある意味、インドの都市で牛が人間と共存しているような様相が立ち上がるのではないかという提案をしてくれ、それがすごく印象に残っています。51番もすごく意欲的に、2050年に自動運転ができたときに建築や都市はどう変化するのか提案しており、その点は非常に高く評価します。それから、すべての建築に対して、形態として緩やかにアールがついてくるわけですが、これは自動車の曲率を反映しているんですね。そういうかたちで建築や都市が変わってくるという点も、かたちにはなっていると思うのですが、一方で、ここで描いている未来感が若干広告代理店のようだというのが正直思ったことです。かつ、2050年という設定は今から30年後なので、かなり違ったことが起こり得る時代設定だと思うんですね。現在から30年前となると

1990年なので、ちょうど携帯電話のプロトタイプが一般的に普及したくらいの時期ですね。その時代と、スマートフォンでライブ配信する今の時代は相当隔たりがありますが、その距離感に加え2050年という設定だと、もっと変化しているのではないでしょうか。パースがわりと現代的で、まだ想像の域を出ていないところが惜しかったと思います。

## 評価軸について

平瀬　はい、ありがとうございました。それでは、ここから5点を選ぶことになります。それぞれの推し3点を説明していただきましたが、これからは他の審査員が選んだ作品に対してのコメントなり、ここは良くないのではないかといった反対意見なりを言っていただくといいかな。実はあまり時間がないのでお一人もしくはお二人くらい、もしご意見ありましたらお願いいたします。

青木　レビューの場の評価軸を提示したいと思っています。そういう意味では、例えば14番「出雲に海苔あり塩あり」と門脇さんが推していた55番「便乗する建築」が、おそらくは同じようなスタンスの作品なのかなと思います。先ほど話したように、昨今の卒業設計や修士設計の流行を牽引しているようなアウトプットになっていますが、ある種の現代の正しさに絡み取られていってしまうのではないか、少し気になります。完成度も高くて素晴らしいと思うのですが、これを我々が建築家として評価することによって、どういう建築の未来が切り開かれていくのかはコメントしづらい部分もあります。他方で、アウトプットとしては未成熟ではあるけれど、何か遠くに可能性を投げかけているような案を評価すべきではないかという気もするんですね。そういう意味では、私が一番推している3番は新しい世界を提示していると思うし、未成熟だとは思いますが、この可能性は評価すべきではないでしょうか。そのような意味で、先に挙げた2つの作品と3番「他者から見た世界」では全くスタンスが違うので、その点に関して我々がどのように評価軸を提示するかは一度議論し

てもいいのかなとは思いました。

門脇　話題に挙がった14番「出雲に海苔あり塩あり」と55番「便乗する建築」ですね。これがある種ポリティカル・コレクトネスと結び付いていることは、僕も気になりました。ただ、結びついていることそのものが否定されるかというと、おそらく否定されるわけではなく、むしろそういった前提の中での建築的な文法や言語、方法論あるいは表現が生まれてきたところを評価すべきかと僕は思っています。その点では青木さんにかなり共感というか同意します。自分で建築をつくるときも、カッコいいものよりもちょっと気持ち悪いとか、不気味な物をつくりたいと思っています。カッコいいというのはおそらく現状の価値観で評価できるものであり、不気味とか気持ち悪いとか、ちょっと違和感あるものは、おそらく現状とは異なる価値観を提示しているものであり、新しい価値とか新しい価値軸、そういったものに迫っている作品を僕としては評価したいと思っています。

髙橋　僕も3つを推す前に話した通りで、考えは変わらないのですが、それと先ほどの青木さんのコメントとは接点があるかなと思います。14番に関して、観光という点がすごく気になります。観光のために建築をつくっていいのかという。

門脇　かなり商業的ですね。

髙橋　商業的なことにもなっていくと思うんです。出雲の公共的なものが商業に変わっていくというのは、すごく危ないことなのではないかと思いますね。あと、実際にこれを建てようと思ったときに、おそらくいろいろな問題にぶつかると思うんです。力学とか材料の耐久性だとか。それをクリアするときに、その人の価値観などによって、おそらくまた変わっていくと思うんですよね。そういう意味で、ドローイングとか模型にある、ものの組み立てなどが全てではないと思うので、これをそのまま正直に評価するというのは難しいかな。例えば、堤防の上に木造建築をつくっても、強い波が来たら全部崩れてしまうのではないかとかは単純に考えられるので、そういう意味では、概念的な部分をきちんと評価してあげたほうがいいのかなと思いました。

平瀬　原田さんもいいですか?

原田　僕も14番を選んではいるのですが、ポートフォリオの「観光」の文字の箇所に丸を付けています。

髙橋　僕も(笑)。

原田　そこは僕もすごく引っかかっているところです。先ほど14番の講評をしたときに、儚さのようなところがすごくいいと話しましたが、そもそも基本的に海になるべく近くないといけない建物なので、それを観光的に開いていくというよりも、何かそれがあること自体が価値あることだと思っていたので、皆さんが話している

ことはよく分かると思って聞いておりました。

平瀬　はい、ありがとうございます。一次審査のときにどのような分類方法があるのか考えていたのですが、今話していただいたような地域の生業、産業と観光、あるいは里山再生なども含め、4分の1くらいがそういったことをテーマとした作品でした。それでは、これから5作品を選ばないといけません。最初の57作品から12作品を選ぶのに、一人3作品を推薦していただきましたが、今回は12作品から5作品へ絞ります。基本的に◎はイチオシなので、◎の作品に加え、もう1作品を選んでください。それは必ずしも自分の次点でなくて構わないです。実行委員の方、各作品の模型写真も集めていると思いますので、それを出しましょう。

## 5選を決定

平瀬　今映っている模型写真は、1番「橋上の町家」。

門脇　3番は結構力が入っていますね。

平瀬　3番「他者から見た世界」。すごい模型ですね。

門脇　いろいろな生物の環世界をぶち込んでいる。

平瀬　6番「さとや」ですね。農村のプロジェクト。その次は7番「時器の森」。

原田　ポートフォリオの内容と全く違うように見えますね。

髙橋　12番「崖に立つ。」はすごい崖の模型ですね。

平瀬　16番「都市を記憶する構造体」はだいぶ資料と違いますね。

原田　構造なので、既存の建物は躯体だけにしているということですね。そんなこと可能なのですかね?

髙橋　物理的には難しいと思う。やはり木造は、壁を離すと構造も一緒にとれてしまうので。

原田　直接模型を見たかったです。

平瀬　これは27番ですね、「風景の転写」。

原田　屋根だけ架けるという。

平瀬　鹿児島の木密長屋の更新という内容ですね。40番「巣喰う街の観察日記」。大阪の梅田ですね。

原田　模型のほうがとても良いですね。面白そう。

平瀬　42番「待つ 場所」ですね。53番「死街地畫布自治区」が

すごいですね。55番「便乗する建築」。和紙がテーマ。

原田　おそらく水を流さないといけないんですかね。

高橋　川の上に建っている。

門脇　14番「出雲に海苔あり塩あり」も模型写真を出さないと。

原田　これは確かに面白そう。

高橋　これだけでは分かんないですよね。

平瀬　以上で12作品の模型写真は全部出たと思いますので、それを踏まえて審査員の方には1作品を選んでいただきます。

原田　◎の作品が変わったかも。

平瀬　それは言及いただいたほうがいいかも。

青木　14番は模型と印象があまり変わらないな。

平瀬　今見た模型写真を踏まえて二次の選出をしたいということですので、12作品から2作品を改めて選出してもらいたいと思います。これから青木さんから順番に2作品を推してください。

青木　まず、変わらないのは3番「他者から見た世界」ですね。理由は先ほどから繰り返し述べている通りです。もう1作品は53番「死街地畫布自治區」。次点から拾い上げられた作品だったのですが、議論のなかで評価軸が明確になってきた気がしたところに、さらに模型をつくっていたことを知りました。かたちをつくりあげることを諦めていないという点から、また、何か新しい方向性を見据えている感じもしていますので、ぜひ話を聞いてみたいという思いに至りました。

平瀬　はい、それでは門脇さん。

門脇　僕は3番「他者から見た世界」で結構悩んだのですが、模型がすごく良い。この手の提案でわりとよくある、自分のための空間をつくる系かと思っていました。最初はそのように見えるのですが、実は全然自分のためではなく、むしろ別の生物のための空間の集合体なんですよね。そういう意味でも良さそうだなと思いましたが、自分が推した55番「便乗する建築」の模型がすごく良かったので、55番は推さざるを得ないということで55番を選びました。3番と一緒に悩んだのは53番「死街地畫布自治區」です。53番は次点だったものが掬い上げられたわけで、僕もその過程で結構推したのですが、推しているポイントはいくつかあります。第一に、現代的な時代の機微を捉えている。最近このようなコラージュ的な表現が隆盛しているので、そういう点でも、時代の機微を捉えた作品だと思って挙げています。ポートフォリオにはドローイングしか載っていなかったので、空間化されていないと思っていたところ、先ほど立体ドローイングに近い模型写真を見まして、ドローイングの世界を空間化していて53番も良いなと思いました。実際の模型を見ると、53番

の模型はちょっと萎える気もしますが、53番を推しておきます。

平瀬　55番と53番ですね。はい、高橋さん。

高橋　僕の一番の推しは40番「巣喰う街の観察日記」、これは変わらない。模型も面白そうでしたし、きちんと建築になりそうだという予感はします。あと1番「橋上の町家」はですね、模型を見たら橋が立派すぎるなと。これでは、観光向けで生活のための橋にならないのではないか、もっと小さくて低いようなものがたくさんある橋のほうがいいのではないかなと思い、ちょっと1番は取り下げました。42番の「待つ　場所」も、提案する建築を立体として取り出してオブジェのように見せている模型を見てしまうと、結果的に、「待つ」という概念的なことよりも物体のほうが好きなのではないかと感じられ、少し共感できなかったです。模型を見て良かったのは27番「風景の転写」で、すごく良かった。27番は門脇さんが最初に推されて最終的に外されましたが、僕は長屋の泥臭い街の中ですごく透明でおおらかな建築をつくるというのは、何か意味があるのではないかなと思いました。あと立面が良かったです。ポートフォリオに字がいろいろ書いてあってよく分かりませんでしたが、模型を見たら意味が分かった。そういう意味では27番がいいかなと思います。

平瀬　40番と27番ですね。それでは原田さん。

原田　僕自身が選んでいた作品の模型を見たところ、6番「さとや」はポートフォリオではすごく良かったのですが、模型写真を見ると、想像できる範囲内で終わっていたような気がしたので、違うものを選びたいと思いました。そのうちの1つが40番「巣喰う街の観察日記」です。模型を見たときにすごくしっくりきたというか、もう少しお話を聞いてみたいと思ったのと、僕が頻繁に飲みに行っているエリアというのもあり、そこの未来についても聞いてみたいと思いました。それで、完全に高橋さんと選んだ作品が重複してしまったのですが、27番「風景の転写」です。理由としては、16番「都市を記憶する構造体」を選んでいた際に27番もいいなと思っていたのと、ドローイングや模型写真を見ている限りはすごくクリーンになりすぎているイメージがあったのですが、大きな屋根を架けるというチャレンジはきっと大きな決断のなかで生まれたのではないかと思ったので、その決断も含めていろいろ聞けたらいいなと思いました。

平瀬　はい、ありがとうございました。40番と27番で、以上で5作品となりますね。二次審査で選ばれた作品は、3番「他者から見た世界」、27番「風景の転写」、40番「巣喰う街の観察日記」、53番「死街地畫布自治區」、55番「便乗する建築」となります。おめでとうございます。

## Winners selection discussion

受賞者
選抜議論

平瀬　それでは、今から5作品のプレゼンテーション、質疑応答を始めたいと思います。一人の持ち時間は10分間ですので、3分程度に簡潔にまとめてプレゼンテーションしていただき、それからクリティークの先生方の質疑応答ということになります。それでは、最初は3番「他者から見た世界」。

### ID03　「他者から見た世界」　P 016

樋口　「他者から見た世界―新たな感覚の扉を開く実験的建築−」と題しまして、九州大学の樋口紗矢が発表させていただきます。現代では、機械や技術の恩恵を受け生活していくうえで十分なシステムが構築されています。少し先の未来には、それがますます充足していき、人類が肉体や感覚を使わずに生きていける世界になります。そのような未来に向けて、人々が感覚を取り戻し新たな感覚を獲得できる、さまざまな知覚的現象を内包した建築を提案いたします。

先ほどから雨が変わらぬ強さで降り続いている。傘を叩く雨音はリズムがあるのかないのか。目の前を絶え間なく水滴が流れ、そのまま肌に吸い付いてくる。靴や服に染み込んだ雨はしつこく、なかなか離れてくれない。「もうすぐ雨が降る」。音でいっぱいの世界。雨がいろんな音を連れてきた。雨一粒はからだ中に広がって。この木陰から、世界はどんどんどんどん飛び出していく。雨が嬉しくて、今日は仲間と歌っている。人と蛙ではまったく異なる世界を見ているように、それぞれの生物は異なる感覚を持ち異なる世界の中で暮らしています。このような世界のことを環世界と言います。彼らが見ているさまざまな環世界は、感覚を拡張し世界を広げる可能性を秘めています。

進化の過程で枝分かれしてきた生物たちのなかから、リサーチによって16種類の生物の環世界を人間の建

築空間として創出しました。創出の仕方として、まずカエルの単位空間の出来方を説明します。カエルは水を介して世界を触っています。カエルの皮膚は湿っていないと生きていけなくて、普段は雨が降ると彼らの世界は湿った物陰からもっと外側に彼らの世界は広がっていきます。両性類の皮膚は人間で言うと全身が鼓膜のようなもので、空気や音に敏感な生物です。私はカエルの環世界から、水の流れをイメージして断面の設計でお皿みたいに上に開いて、陰と陽を意識して感覚が強調されていく場所を、雨の日に生き生きするような空間を設計しています。視覚のみに囚われない、感覚的な空間を創出します。空に向かって雨を浴びる空間と、暗く湿り気の強い空間を生み出し、陰と陽を表現しています。雨ざらしのところから雨が入り込んで、陰の空間に流れていって雨やその湿気が溜まる仕組みです。また、無数の凹凸があってそこに水溜まりができて、身体の動きに合わせて水も動くような空間となります。

**平瀬** 簡単にまとめられますかね？ 時間がそろそろ…。

**樋口** あ、はい。この単位空間と単位空間の間を設計していって、最終的には空間相関図になります。プレゼン資料2枚目の「06.空間相関図」に書いてあるように、雨風などの外力を利用することなどを考えて空間を配置しました。感覚をあくまで建築として、ものとして表現しています。以上で終わります。

**平瀬** はい、それでは質疑応答をお願いします。

**門脇** 趣旨はよく分かりましたが、このプロジェクトは実際の建物ないし建築の形を取り結んでいるようですが、どこに何のために建っているのでしょうか？ つまりどういう施設なのか、例えば博物館なのか、環境教育施設なのか、あえて施設として言うと、どのような施設なのでしょうかという質問ですね。

**樋口** 施設としてではなく、この作品は途中過程にあり、私の思想が作品になっている感じです。私的には、芸術に近い表現をして大学院に進んだ時に実用性を持たせたいです。現段階の作品はそうですね、少し先の未来の世界での感覚における象徴的な建築になるので、あまり博物館とかどうこうではなく…。

**門脇** 通信の関係で少し聞き取りづらいところはありましたが、概ね分かりました。僕が問いたかったのは、これは建築なのか彫刻なのかという点なのですが、具体的な敷地がなくてわりと独立して建った、空間装置もしくは環境装置と認識すればいいでしょうか？

**樋口** えっと、質問の意味が…。

**門脇** 今の答えを聞くと、僕はやっぱり彫刻だと思えるんですよ。建築というのが、具体的な環境と何らかの関わりを持ってそこに固有のものとして建つ、それが仮に

建築だとするとこれは彫刻とかモニュメントとか、そういうものに近い気がしました。

**樋口** モニュメント…。地域性というものはなくて、私が今回設計するなかで、感覚に頼ったことを表現したかったのが敷地を選ばなかった理由です。

**門脇** 僕の質問をもう少し分かりやすく言うと、これは外部世界を持つのかということです。周辺環境という意味での外部世界。この建築の中にあるさまざまな生物のための空間が、ある種の他者として入り込んでいる。それはよく分かるのだけれど、一方でこの建築自体が隣の世界とか外部を持っているのかという質問に近い。この建築自体が環境ないし外部のような周辺の広がりを持っているのでしょうか？

**樋口** 一応持ってはいないです。

**門脇** 分かりました。

**青木** 僕は1番評価していた作品なのですが、プレゼンテーションを聞くと意外と普通だなと思ってしまいました。僕はもう少し期待していたんですよね。先ほどの門脇さんの質問は、ある意味で助け舟だと思います。この建築に外部が想定されているのかという質問に対して、あなたの外部の定義を提示するべきだと思うんです。リテラルな外部空間ではなく、外部性という意味での外部は、こういうものなんだ、こういう世界だということを投げ返さないといけなかったのではないかな。

この案に期待していたことは、「さまざまな知覚的建築現象を内包した建築を提案する」そのこと自体ではなく、全く新しい建築のデザインを提出するための根拠や条件を探り当てるという壮大なスタディを、この卒業設計を通して行っていることです。僕はそのスタンスを最大限に評価したいと思っています。やはりアウトプットの姿かたちも魅力的なのですが、それ以上に案に取り組むなかで、どのような概念を導き出しているのかということこそ評価したいので、プレゼンテーションに関しても、もっと自分の建築に対する距離の取り方やスタンスを強く押し出すべきだったのではないかと僕は思いました。

**平瀬** 時間となりましたので、次の方に移りたいと思います。ありがとうございました。続いて27番を映せますかね。それでは、よろしくお願いします。

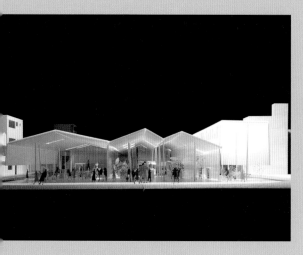

## ID27 「風景の転写」 P 010

森下　27番「風景の転写─名山横丁における木密長屋の新
しい更新─」、熊本大学の森下彩です。よろしくお願い
します。街が更新されるとき、愛され続けた名山横丁
の風景が忘れさられてしまうような建築が建つのは
悲しい。風景を転写し、その骨格だけを残すことを選
びました。転写により木密の縛りから解放された空間
は自由で新しく、でも懐かしいと感じるものであって
欲しい。本計画では街のプラットフォームとなるような
文化交流施設の計画を通して、木目繋がりの新しい
更新のあり方を考えます。周辺にビルが立ち並び、都
市に生まれた谷地のようになっている名山横丁には、
戦前から街の人に愛される長屋群が存在します。しか
し、木造建築が群生していることにより大掛かりな更
新は難しく、今後ここに建築を残していくことには限
界があり、エリア全体として更新していくことが必要だ
と考えました。そこで、街の人が愛する名山横丁の風
景を中心に転写し、それを骨格とした新しい建築空間
を提案します。低層の長屋群が都市の谷地になってい
ること、路地が100m続くこと、これら2つの風景を引
き継ぐために2つの操作を行いました。
始めに現存の屋根を転写し、エリア全体を覆う大屋根
を架けます。これは都市の谷地である建築群の低さを
保ちながら、今まで限定的だった長屋群の形から足
元が模倣され、建築の自由な使い方を起用していきま
す。次に長屋と路地の関係より、路地を内部化します。
100mの路地性を保ちながら街に開く広場など、これ
までになかった場所ができ、街と空間を共有する建築
を目指します。また骨格だけが残った建築では、白や
透明といった新しい素材感で空間を味わい、混沌とし
た街の中で周辺の色を映し出すキャンバスのように
有する存在として、街の新たなプラットフォームを設計

します。以上です。

平瀬　はい、ありがとうございました。それでは、27番を推さ
れていた髙橋さんと原田さん、いかがですかね。

髙橋　僕の印象としては、まず透明感があります。この建築
は透明ですよね？

森下　はい、そうです。

髙橋　透明のポリカーボネートを使って柱も細く、奥のほう
で見通しがいいじゃないですか。これはおそらく木造
密集地の中では、この透明度が建築としての強さを持
つと思うんですよね。街を歩いて来たときに、こういう
ものがパビリオンのように見えてくるとすごく印象的
なのではないかなと思うんです。ただ一方で、森下さ
んの説明を受けると、風景を残すということに主題が
集まっていて、この透明感のことをどうも説明できて
いないと思うんですよね。そこをもう少し聞きたいと
思います。つまり、森下さんがやりたいことは横丁の風
景を残すことでもなく、文化交流施設をつくることで
もなく、もっと別のことなのではないかなとプレゼン
テーションで感じました。それを少し説明して欲しいと
思います。

森下　今回一番やりたかったのは、街の中で谷地となった風
景の骨格を転写することで、それによって骨格は残さ
れるけれど、骨格以外の部分が自由になるということ
です。骨格だけが転写されることの良さを伝えるため
に、今までのような素材感を使うのではなく、透明だっ
たり白だったりという新しい素材を使う。それが、転写
した後の空間の魅力だったり、また新しい空間体験に
繋げてくれたりするのではないかと思います。

髙橋　つまり、転写というのは方法でしかなくて、ここに訪れ
た人がもとの街らしさを感じるのに構造で訴える必
要はあるのか、それとも必要ないのか、どちらですか？
説明が難しかったかな（笑）。

森下　もう一度質問をお願いします。

髙橋　風景を転写したいと言いましたよね、それがどう重要
なのかな。僕には分からなかったです。構造だけを残
して透明の素材でつくったとして、風景を転写したとは
誰も感じないと思うんですよ。転写だと思うのは、そ
の方法でつくった森下さんだけだと思うんですね。そ
れでいいのかどうかということなんですね。僕はそれ
でいいのではないかと思いますが、そこを理論にして
欲しいです。

門脇　僕は今の議論を聞いて、転写されたが故にあたかも
ここに亡霊のように、明るい世界に亡霊が現れたよう
にかつての風景が現れるので、転写したことと、この
亡霊のような明るさに必然的な繋がりがあると、森下
さんはおっしゃったように聞こえました。

平瀬　原田さんはいかがでしょうか？

原田　僕も話を聞いて同じようなことを思いました。鹿児島の人たちにとってのここがどういう場所かというのが、設計した森下さんからすると、ある種のボリュームというか、先ほど門脇さんが言っていた亡霊というか、そういったものなのかなと思いました。ただ、門脇さんや髙橋さんの話を聞いて、もしご本人が思うことがあればもう少し聞いてみたいと思いましたが、いかがですか? 特に骨格とか風景の転写という言葉を使っていますが、それがどういう意図を持って使っているのかがすごく気になっています。

森下　今回、リノベーションでもなく新築という方法を取りましたが、今の形をそのまま残していくということがやはり難しいことが分かってきて、でも、今の街のコンテクストなどが失われてしまったような建築になってしまうことにもすごく違和感がありました。だとしたら、街の低さとか100mの路地があるといった骨格の部分だけを使い、残りの部分は新しくしてもいいのではないかという考えのもと、今回の風景を転写するということをしました。

原田　ありがとうございます。

青木　少しいいですか?なんかズルいように思っています(笑)。

一同　　(笑)。

青木　少し重複するかもしれないのですが、改めて聞きたいです。この作品は、風景を転写すると言いながらも転写していないわけじゃないですか。言い換えると、風景を転写する過程で抽象化していますよね?

森下　え?

青木　なぜ抽象化する必要があるのかということ。つまり、なぜ骨格だけを残すという選択を行ったのか。あるいは、なぜ真っ白くて透明性の高い表現にたどり着いたのか。その過程で抽象化が成し遂げられていると思うのですが、なぜ抽象化する必要があるのだろうか。それを答えて欲しい。実は門脇さんが、すごく鮮やかなアナロジーを用いて説明されていたのですが、森下さんも自分の言葉で、なぜ抽象化する必要があったのかコメントしていただきたいです。

森下　現状のこの敷地には複数の長屋が立っているのですが、すごくごちゃごちゃした状態で立っています。それをリサーチしていくなかで、木密長屋の問題点でもあると思うのですが、真ん中の部分などは救済するのが難しく、一つひとつの長屋に注目するのではなく、もうエリア一体で考える必要があると思いました。それで、今のごちゃごちゃした状態などを一つひとつ忠実に転写していくのではなく、メインパースにもあるのですが、短手の切妻の形や低さ、この街の特徴である長い路地だけを残すというのが、ベストなのではないか

というのが今回の私が出した答えです。

青木　まだ納得できているわけではないのですが、ありがとうございます。

髙橋　青木さんがおっしゃっているズルいというのは、どこですか?

青木　2つあります。1つは、議論のまな板の上で、森下さんの案がポジティブに捉えられつつあることがズルい(笑)。いや、良いことなんだけどね。もう1つは、やはり僕が1番聞きたい部分に関して、森下さんは「こうするべきなのではないか」「いいのではないか」としか言ってないんですよ。その抽象化の内実に僕は迫って欲しいなと思うのですが、それは自分にも返ってくる問題なので、なかなか難しいんですよ(笑)。とはいえ、何とか言葉を紡いで欲しいな。「いいのではないか」で終わらせるのではなく。そういう部分に、ある種の違和感を覚えました。ズルいという表現は適当ではないと思いますけれども。

平瀬　それでは時間なので次に移ります。ありがとうございました。次は40番ですね。繋がりますか? それでは40番の方、よろしくお願いします。

## ID40 「巣喰う街の観察日記」 P022

山田 　それでは、40番「巣喰う街の観察日記」を大阪工業大学の山田泰輔が発表させていただきます。都市はどのようにつくられるのか。これは失われゆく小さな営みを顕在化させることにより、この先に起こるかもしれない出来事を「巣喰う者たち」の視点で観察した都市の更新物語です。梅田や曽根崎は小さな営みが多様に絡み合うことを許す寛容な街ですが、再開発によって失われゆく現状にあります。そこで、この街の特性である雑居を用いて、残る建物や過去の痕跡から枠組みを仕掛け、長い年月をかけて変化していく街の様子を街に巣喰う者たちの視点で観察日記として綴ります。ここでは現時点を2060年と設定し、巣喰う街が形づくられていくなかでの出来事を幾つか抜粋して振り返ります。
　それでは、巣喰う街の観察日記。2025年、「おこぼれちょうだい」では、去年1丁目から引っ越して来た劇場は、今や隣接する2つのビルを巣喰っているようだ。ウシオビルの1階をエントランスにして接道性を高めている。逆に3階のBARも、劇場の2階を巣喰って飲みながら観劇できるというウリで外階段から客を引き上げているようだ。ここでの私の仕掛けは、踊り場があるのですが、劇場からすると踊り場として、BARからするとカウンター席として用いられています。2030年、高速道路への看板の裏に巣喰う「けったいなパーティ」。2035年、かつての市場を巣喰う「おおきにランウェイ」。さらに、ネコ、木洩れ日、雨、ネズミ。多様な巣喰う者たちが主人公である、この日記を通して私が伝えたいことは、些細な出来事の集積によって街は形づくられているということです。あなたなら、この街にどんな日記を想像しますか。以上で発表を終わらせていただきます。

平瀬 　はい、ありがとうございました。それでは質疑応答をお願いいたします。いかがでしょう。40番を推しているのは髙橋さん、原田さんの2人ですね。

原田 　あくまでも日記として話をしてくれていると思うのですが、実際にこういう出来事が起こればいいなという意味での日記と捉えていいですか？

山田 　はい、僕が設計したのは出来事を起こすきっかけで、それを日記という形式で綴っています。

原田 　どういったものを設計したことになっていますか？

山田 　僕が設計したのは、この街の特性を数値化して点在させた仕掛けで、そこに長い年月をかけてどのような出来事が起こっていくかというのを日記として表している2段階構成の作品となります。

原田 　実際に設計をしたのは、先ほど話されたオーケストラを含めたようなBARとか、そういうものを設計したと考えたらいいですか？

山田 　はい、未来予想図という形で設計しました。

原田 　そういった物が更新されていく？

山田 　はい。

原田 　なるほど。もう1つ少し気になったのですが、プレゼン資料1枚目の「経過観察」についてもう少し詳しく聞きたいです。

山田 　経過観察というのは、もしかしたら建築を設計する者が行うことではないのかもしれないですけれど、建てたら終わりではなく、再開発されるような街でどのような出来事が起こる可能性があるかを示すために経過観察という方法を行っています。

原田 　ありがとうございます。

門脇 　ちょっといいですか？ 原田さんの今の質問において、今のが適切な答えだったかは分かりませんが、ここで行われているのは現象として例えばアーケードがランウェイとして扱われるように、もともとあったエレメントないし空間の意味が剥奪されて別の行為に横滑りしていくという、そういう現象の面白さを捉えていくという作品じゃないですか。それで、横滑りが起こっているのは設計した結果というよりは、これは将来こういうことが起こるだろうということをある種レトロスペクティブな日記として記述することによってですよね。それでおそらくここで問題になるのは、そういう意味の横滑りとか施設の脱臼とか、そういうことが起こっている設計的な方法とかあるいは手法は何かということであるはずで、おそらく第1段階と言っているところの操作が重要になると思うんですね。僕もあまりよく分かっていないのですが、つまり街のさまざまな要素を収集してきて、街に置いていっているということなんですよね。あるいは、その意味の脱臼が起こるような操作を何らかの形でしているのではないかと思っ

たのですが、その横滑りをさせるための設計者としての工夫は何かということを原田さんは問うているんです。こういう方法を使うと、このような横滑りが起こり、これまで使われていた領域とか、あるいは所有とか利用のある種の領域がだんだんと侵食されていき、そこで転致が起こる。1番重要なのは、第1段階の操作で何をやったのかということなんですね。

山田 第1段階の操作についてなのですが、まず僕はこの敷地で大切だと思うものを発見していきました。例えば、プレゼン資料1枚目の2020年の図に防火壁がありますが、この防火壁は3,500mmという寸法で、そこに植木鉢だったり物干し竿だったりを2階から勝手につくって暮らしています。それは、この街に3,500という寸法が大切だと思ったからです。防火壁はなくなってしまうのですが、仕掛けるという形で自分が適用して寸法を残していく、顕在化させていくということをしています。そのようにして、高速道路であったりビルの外階段であったり、この街のこれからの出来事を起こすような寸法を私は仕掛けとして捉えています。

門脇 使われ方の多重化が起こるような寸法をさまざまに忍び込ませていく。それが具体的な操作ということですかね。

高橋 僕は57作品の中では1番推しており、この案を想像して共感し、かなり一方的に評価しているとは思うのですが、少し質問をしてみたいです。今は、この8個の使い方を、非常に統一されたセンスと創造的な色使いや形のコントロールなどによる演出的な部分もありながら全部できています。しかし、これを街の再開発だとすると、これに構造を与えることが重要というよりは、1個1個の場がどのくらい魅力的になるかとか、1つ1つの空間がどのくらい誘惑的になるかということのほうが大事な作品なのではないかと思います。例えば、このプレゼンテーションボードを見て10人の人が寄ってたかって好きなようにつくった場合、物凄く汚いものができてしまう可能性があるんですよね。山田さん自身が、それを豊かさと言えるかどうかという部分がまず難しいと思うんです。そういう意味で、これ全部を山田さんがデザインしないと成り立たないんじゃないかというところが1つ。つまり、山田さんが全部デザインしきれないと案の強度が出ないのではないかということです。そういう意味で、山田さんの痕跡としてこの日記を残さないと作品にならないのではないかと思いました。それから次に、こういうものを卒業設計にする意義は山田さんにとっては何でしょうか。例えば他の人は公民館をつくりました。お城の横にすごく立派な造形できれいな記念館をつくりましたとかやるわけじゃないですか。山田さんはそういうことをして

いないわけで、他の人の作品を見て比べながら自分が卒業設計としてこれをやる時に、まさになぜこれを卒業設計でしなければならなかったのか、したかったのか、それが聞きたいと思いました。

山田 まず、僕が生まれ育ったところが曽根崎のような街で、上のほうの再開発がどんどん進んでいますが、キッチュなところや雑居なところを豊かな営みだと思っていまして、再開発で無くなってしまうものを、建築を通してさらに何か夢を描くというか、これから先の出来事をどこまで責任を持って捉えるかということが大切だと思っています。それで、どのように長い年月を越えるかと考えた時にこういった方法をとるのが効果的なんじゃないかと思いました。でも、それだけだとあまりにも建築ではなく物語過ぎるので、仕掛けという形で設計はしているつもりです。

高橋 仕掛けというのは、どれのことですか？ 僕は仕掛けとは思えなかった。

山田 仕掛けというのは模型になりますが、模型の白い部分を操作することによって出来事を誘発します。グレーが既存です。それで、どんどん巣喰っていくという。

高橋 それでは、仕掛けとは巣喰う部分のことなんだろうね。

山田 はい、そうです。巣喰うための操作を、建築家として行っていました。

高橋 なるほど、わかりました。

平瀬 ありがとうございました。53番の方、映りますか？ よろしくお願いします。

## ID53 「死街地畫布自治區」 P 044

柳瀬　53番、九州大学の柳瀬真朗、「死街地畫布自治區」です。よろしくお願いします。東京の都心部では、再開発による破壊の連続によって多くの街が失われていきました。このような開発を阻止すべく、社会に対する叛逆の象徴としての建築を自分たちでつくり出し、そのなかで生きていく集団が現れます。彼らは雑多性を演出する街の様子に着目しました。普段は当たり前のようにそこに存在するそれらを、人々に再認識させる必要があると考えました。そして、再認識させるためには失われるはずだった街の要素を用いて、従来の位置関係や役割の関係が再構成されることによって実現させられると信じました。彼らはこの空間をつくり上げていくのですが、失われていく街の特徴を踏まえながら再構成していきます。そして、住戸の形を与えていくのですが、その失われていく街の特徴を踏まえながら住戸に形を与えていくと、それぞれの住戸は人間的なスケールになります。それで、次に住戸当たりの内部空間を縮小することで人々の生活の大部分が外部空間で行われるようにします。次に、住戸を縦にすることで社会の開発を訴え、同時に住民に個性を表出させます。そしてその役割を担うのが街の要素たちです。彼らに生活の場を与え、彼らの個性を表出させます。そして、他の住戸や動線にもすることで共用空間になり、同時にこれらは都市にもなります。次に集合住宅となっていくわけですが、その人々に再認識させるというのを踏まえながら従来の集合住宅の形に彼らは疑念を抱き、街に対して彼らの主張と個性をあらゆる方向に向けます。それぞれの住戸を離散的に立体的に浮遊させることで、彼らの間に多様な関係性が生まれ、また課題を認識しやすくなります。住戸を結ぶのは、東京の街にあるような個性的な階段で、彼らの住

戸同士の関係性を強めさせてくれます。そして、開発が進むかぎり永遠にこの建築はつくり上げられていきます。そのたびに彼らは主張を強めていきます。これらは僕が想像している15の住戸の形です。以上です。ありがとうございます。

平瀬　はい、ありがとうございました。それでは質疑応答をお願いします。53番は青木さんと門脇さんが推していますね、いかがですか?

門脇　柳瀬さんは今どこにお住まいですか?

柳瀬　僕は福岡市の西区です。

門脇　なるほど。この質問の意図は、なぜ東京が主題だったかということなのですが。

柳瀬　卒業論文の対象が、東京都心部における再開発によってできるサンクンガーデンに関するもので、当初は東京オリンピックによってサンクンガーデンの再開発がどんどん進められていることに対してプラスの興味関心があったのですが、実際に目の当たりにすると、あまりにも綺麗すぎるというか、人間の尺度を超えていることに対して気持ち悪さや不安、疑念を感じてしまいました。今まで自分が正しいと思ってきたことがもしかして間違っているかもしれないという不安があったので、それを今回の卒業設計という場で考えながら設計したという次第です。

門脇　なるほど。生々しい人間の生活が再開発によって失われていき、記憶喪失のように街が漂白されていくというのは確かに東京にいるとすごく感じることです。結果としてできたものが、ある種陳列的というか看板的というか、かなり生活を博物館のように陳列したもののようになる。この意図は何でしょうか? 模型を見ると、生活の生々しさを取り戻すというプロジェクトには思えないんですよね。むしろ別のことを狙っているように思えます。

柳瀬　失われていくものを再認識させる必要があるというのが1番の僕の考えです。つまり、今までの僕たちと街の要素との関係というのをとにかく変えて、人々の意識に入れさせるというものです。なので、博物館のように見えてしまうというのは、それはある意味、僕にとっては嬉しいというか、人々の目に入りやすくなっているのだと思いました。

門脇　なるほど。そこを狙って行っているのだったらいいと思いますが、僕がこれを博物館のように見えると言った意味は、ポジティブな意味もネガティブな意味もあります。まずネガティブな意味は、これまでの生活が標本化してトロフィーのようになってちょうど昆虫採集で集めた昆虫たちが死んで刺されるように、死んだものとして陳列されてしまうというネガティブな意味もあると思っています。そのネガティブなところをむしろ偽

悪的に都市の中に表出させることにより、再開発のネガティブさをむしろ表しているという提案だとしたら、なるほどと思います。一方でこれはある意味で空間になっているので、ここでまた新しい生活が、リアルな生活が始まるというポジティブな捉え方ができたということですね。でも、どちらかというと前者の標本化することを目指したという理解でいいでしょうか？

**柳瀬** えっとそう…です。

**門脇** それでいいと思います（笑）。すごくいいと思いました。

**青木** 想像以上に真面目な方なんですね（笑）。

**一同** （笑）。

**青木** いや、僕は非常に評価しているのですが、少し分からなくなってきたので聞きたいです。自分たちでつくる集団が現れるという話で、「彼ら」という言葉を使っていらっしゃいましたが、その「彼ら」が失われた生活の豊さを取り戻していく主体になるわけですか？ つくり続ける集団としての「彼ら」のふるまいに触れた人々が、豊かな都市を取り戻していく主体になるのですか？ これから都市をつくる主体が、彼らなのか人々なのか、彼らと人々は同じなのか、その辺りが少し分からなくなってきました。

**柳瀬** 主張したいという人たちがつくり上げていくというのは間違いなくて、見ていく人々もその建築を見て再開発に対する不安や疑念を抱くという主体に……そうですね、どちらもではいけませんかね？

**高橋** 少し内容の近い質問になるかもしれませんが、結局このプロジェクトの中で人間は何をするのかなと思いました。例えば、ある家では昔の信号機がくっ付いていたり、ある家では昔の雨樋がくっ付いていたり、室外機が付いていたりして昔の生活がそれで分かる。それが博物館のようだと言われても、柳瀬さんはそれで良いという感じでしたが、経験というのは残らないのではないかなと思うんです。例えば、丸の内などの都心、名古屋でも大阪でも福岡でも当てはまると思いますが、超高層ビルを建てる建設計画があり、それが実現したので見に行くと、いきなり鳥居が立っているとします。具体的に言うならホテルオークラというのが東京にあったのですが、そこのラウンジは谷口吉郎さんが設計したすごい空間のプロポーションにふさわしいファブリック、つまり生地と家具とかが見事に調和された空間だったんです。それが今は取り壊されて、超高層ビルに変わりました。その時にこのビルを開発した人が何をやったかというと、そこにあったものを剥ぎ取ってくっつけて並べたんですね。でもそれでは誰も納得しなかったということがありました。つまりオリジナリティ、昔のものがなぜそこにあったかということと一緒に保存しないといけない。もしくは、それを

経験したことと一緒に保存していかないと、壊されていった街を経験させる、認識させるというのは難しいのではないか。そういう意味で、これはすごく記号的なものになっていると思いますが、本当にそれでいいのかという疑問はすごく残ると思います。こういった考え方で再開発をすると、すごくキッチュな街を生むんじゃないかな。

**平瀬** 質問ですか？ コメントでいいですか？

**高橋** コメントですかね。もし反論してもらえるなら、反論してもらえたほうがいいかもしれないけれど。

**柳瀬** それなら反論します。そうですね、とにかく今までの街の記憶の残し方に対して、新しい提案をしてみたかったというのが正直なところです。

**高橋** その表現行為はすごくアーティスト的な感じがするんだよ。建築を学んでいる人はもっと違うことをやると思う。町屋とか神社などを保存しようと思ったときに鳥居だけを引っ張ってきてそのまま貼らないと思うんです。そこがすごくネックなんですよね。そろそろ時間が押していると思うので、以上です。

**平瀬** はい、ありがとうございました。5作品目ということで最後ですね。55番の方、繋がりますかね、聞こえますか？

## ID55 「便乗する建築」 P048

田所　はい、よろしくお願いします。55番の九州産業大学、田所佑哉、「便乗する建築―和紙産業の作業工程を機能分解し地域資源として共用―」。本提案では和紙産業の作業工程に着目し、和紙産業の作業工程内の行為から建築をつくります。もともと土地の特性から2拠点型で行われていた産業構造が、現在は経済的理由で一本化しています。それを2拠点型に戻すと同時に建築をつくっていきます。その際の作業工程に着目し、行為から建築をつくることで作業工程と重なる暮らしの中の工程が建築に便乗し入り込んでいきます。ここで起こる現象としては、楮（こうぞ）干しという作業工程に便乗して野菜を干したり柿を干したり、また、蒸す工程において蒸すという行為を地域資源として捉えて芋が一緒に蒸されるなど。あと、川ざらしの工程があるのですが、皮剥ぎの工程で使う広い板敷きが、洗濯物を干した後に地域の人が洗濯物を畳む場所になるというように、作業工程と重なる暮らしが入り込むことで、産業と暮らしが重なり合う風景が生まれるというものを設計しました。以上です。

平瀬　はい、ありがとうございました。それでは質疑応答に移りたいと思います。

門脇　非常に完成度の高い作品だと思いますが、1次審査はInstagramで聞いていましたか？

田所　はい、聞いていました。

門脇　ある意味で、卒業設計や修士設計に最近見られる、正しさに溢れたプロジェクトだという捉え方をされていた側面がありました。それは今の話を聞いてもそれほど拭えていないのですが、つまり、ここで僕が聞きたいのはこれがどういう切実さに迫るものなのかという点です。もしこういう提案をするのであれば、例えば、どうしても解決しなければならない社会的問題を

解決するため、あるいは人間が未来においてはこういう生活をすべきだからこういう建築を提案しているという明確なビジョンが必要だと思うんですよ。一方でそういうビジョンがないと、得てして衝動的な勢いに巻き込まれていってしまう。この作品は、そのギリギリのところで踏みとどまっているように見えるのですが、ただお話を聞いていると作者のビジョン、人間生活に対するビジョンなどが今ひとつ見えてこない。田所さんが人間はこれからどのように生きるべきかビジョンを語るとしたら、どういう言葉で語るのでしょうか？

田所　はい、質問ありがとうございます。ビジョンに関する質問かと思いますが、自分が卒業設計をするにあたって決めていたことがあります。建築をつくるうえで、土地から生み出されたような建築をつくりたいと考えて卒業設計に挑みました。自分の実家はどこにでもあるような住宅街にあるのですが、帰省する度にいつも懐かしさを感じ、その懐かしさとは何なのかを考えたときに、人の行いが懐かしさに繋がっていると感じました。それを周囲の人の暮らしから生み出されるものとか、土地の環境を読み解いていく人の力というか、そういう伝統産業の部分などを建築の中で風景として──（接続が切れる）。

門脇　もう一度仕切り直して語って欲しいです。僕は建築としてのビジョンではなく、むしろ人間生活に対するビジョンを聞いたんです。おそらくこの種の提案で、建築がこうあるべきだと言った瞬間に欺瞞になる気がするのね。つまり、人間生活のために建築があるわけで、建築のために人間生活があるわけではないという主張をこの種のプロジェクトは含んでいると思います。したがって、人間はこのように暮らすべきだというビジョンをぜひ語ってください。

田所　人間生活のビジョンに関しては、ただ単にその街づくりを建築でつくっていくのではなく、タイトルにもあるように便乗していくことで生まれていくコミュニティのことを考えて設計しています。

門脇　分かりました。

平瀬　他はいかがですか、質疑はありませんか？

門脇　せっかくなので、もう1つ聞きます。1次審査のときにこのような提案にものすごく可能性があると感じたのは、近代的な建築の構法ではないものを積極的に使うことによって、ポスト近代的な表現に至っているのではないかという話をしていたんですね。それを踏まえて、少し具体的に教えていただきたいのですが、この建築は誰がどういう技術を使ってつくるのでしょうか？

田所　誰がどういう技術を使ってつくるのか？

門脇　一般的には建築は工務店やゼネコンがつくったり、プ

ロの専門施工者がつくったりしますが、この建築については、通常の建築の枠組みと同様に設計者が図面を描いて工務店がつくるものなのか、しかもそこで使われる技術がユニバーサルで一般的なものなのか、はたまたそういうものではないのか。この石積みの表現にはそういったものとは違うオーラを感じます。この木組みに関しては、ものすごくローテクな、必ずしも高度な技術を持っていなくてもつくれるような技術を狙っているところがあるのかと想像しました。これについて田所さんはどのようなことを考えていますかという質問です。

田所　この建築を誰がつくっているのかというのは、自分の実力不足でこのような技術が成り立つかも分かりませんが、建築はこれで完成ではなく、例えば物干しが人の生活として拡張して付けられたり、物干し竿を溜めておく場所ができたり、構造向きの工程で薪とか幹ができたりするのですが、それが街だけの再利用だけではなくて構造にもまた追加されるとか、人の行為がどん

どん建築を更新していくような形で考えています。

門脇　最後のコメントがすごく良かったと思いますが、一方で建築をつくっている技術と日々のここで行われる営為が切断的だったように思えるんですね。ぜひ、和紙を漉くかのように、その工程の延長線上に建築もできるのだと、そういう建築を構想して欲しいです。それができれば素晴らしいと思いますので、今後の課題ですね。おそらく田所さんが構想している先には、そういう建築の姿が待っていると思いますので、突き詰めて欲しいなと思いました。

田所　ありがとうございます。

平瀬　以上で5作品のプレゼンテーションを終わりたいと思いますが、これから最優秀賞、優秀賞、クリティーク賞を決めていきますので、クリティークの皆さんからこれだけは聞いておきたいということがありましたら、出展者の方々に繋げられます。いかがでしょうか？ それでは、今から賞の決定をしていきたいと思います。5作品ありますので、一人2票を入れていただきます。

## 各クリティークによる投票

| | |
|---|---|
| ID03「他者から見た世界」 | 青木 |
| ID27「風景の転写」 | 青木・門脇・高橋 |
| ID40「巣喰う街の観察日記」 | 高橋・原田 |
| ID53「死街地畫布自治區」 | 門脇 |
| ID55「便乗する建築」 | 原田 |

門脇　5作品すべてに票が入っているので、全部可能性が残っているということですね。

平瀬　まずは議論したほうがいいと思いますので、それぞれ投票作品をなぜ推したのか、コメントしていただきたいと思います。青木さんからいきましょうか、3番「他者から見た世界」ですね。

青木　正直なところ本人の説明を聞いて、単純に私が深読みしていただけなのかもしれないという思いもありつつ、それはそれでいいと思うんですよね。この案が持ち得る可能性だと思いますので、そういった意味では引き続き評価したいと思います。何を評価しているのかは、繰り返しにはなりますが、新しいデザインの根拠を示し、その根拠から立ち上げられる新しい建築の姿かたちを提示していること。非常に野心的で勇気のある姿勢に、まずは票を投じるべきだと思いました。そのスタンスは変わらないです。

もう1つの27番「風景の転写」については、一次の段階あるいは二次の段階では票を投じなかったのですが、建築の設計において抽象化のプロセスは避けられないということを常々感じており、他の作品と比べてみることで、私自身も考えていることが整理できました。例えば55番「便乗する建築」ですね。こういった

作品が昨今の卒業設計や修士設計の1つの流行になりつつあるという話も出ていましたが、ある種、模型がジオラマのようにつくり込まれていて、リアリズムを追求していくような方向性があると思うんですよね。一方で27番は、リアリズムに陥ることなく、抽象化というプロセスから目を背けることもない。そういう意味では、建築のプロセスとして非常に真っ当なのではないかなということから、まず評価するべきだと思い直し2作品目として選びました。

平瀬　では門脇さん。

門脇　まず、投票していませんが、3番「他者から見た世界」について一次か二次で投票するか悩みました。それで先ほど質問したのですが、やはり外部がないんですよ。外部がないのをあるように描いているのが、僕は少し惜しいと思うんですよね。もし外部がなければこれは世界そのものであり、究極的に外部を持たない建築として設計したほうが良いと思うんですよね。もし実際のどこかのサイトに立っているのだとしたら、この建築の設計には方位や日の入り方などが重要なので、考慮されるべきことなのではないかと思いました。

27番「風景の転写」に1票入れましたが、亡霊のように明るい風景のみが純粋に立ち現れるということで、抽象性や明るさなどが最初にあるのではなく、構造を残して具体的なアクティビティを風景としてのみ甦らせる、これが亡霊的操作というものですね。もう1つ重要なのはネガポジ反転のところですが、内部にあったアクティビティを外部に対してさらけ出す。そこも重要だと思います。おそらく内部にあったものを外部にさらけ出すのは、この街に外灯がなくて暗い感じになっていることから必然的な選択だったと思いますが、おそらくその建築的操作の結果として明るくて抽象的な風景が表れていると僕は思います。だから、これはあなたの嗜好性なのかということをしつこく問われていたように思いますが、森下さんはむしろそこには無頓着で、でも、自分の操作から必然的に立ち上がれる空間性とはこういうものなのだということをむしろ力強く言っているようで僕は好感を持っています。

それから、40番「巣喰う街の観察日記」の山田さんと53番の柳瀬さんは非常に悩みました。最後にどちらを選ぶか考えましたが、柳瀬さんのボードというか壁面に記号のように貼り付けてかなり強引に立ち上げるという操作自体には全く共感できない。ある意味、荒唐無稽な操作ですよね。でも、この荒唐無稽な操作を本人はかなり意識的に自信を持っているんですよね。自分自身でも疑っているところはあると思うので

すが、動画とオーラルのプレゼンテーションの両方とも
で自分が疑っていることを微塵も感じさせずに言
い切ったところを評価し、山田さんではなく柳瀬さん
に1票を入れました。

平瀬　ありがとうございます。それでは髙橋さん。

髙橋　僕が推している2つは二次審査から変わりませんが、
他の3つと何が違うかといえば、筋道ですかね。プロ
ジェクトを考える時に、こういう意見もあるだろうし、
反対されることもあるだろうし、良くないと思う人も
いるだろうなとか、そういう考えが出てくると思うんで
す。それは学校の課題でも。それでも自分の考えと違
う考えを持っている人に対して強度のある提案をする
には、やはりきちんとした話の展開と嘘のない説明と
いうのが1番誠実なのかなと思うんです。だから、そう
いう意味で40番「巣喰う街の観察日記」の人は、話を
聞いていても非常に正直な人だなと思ったし、素朴な
わりに意外と手先が器用なのでそこも魅力を感じま
した。
　他の4つの作品は、どれもプロジェクトが公共的では
ないように感じました。すごく私性の強いものに見え
てしまう。例えば3番「他者から見た世界」の作品も、
動物と人間が対等になっていくという案ですごく面白
いと思いますが、できあがったものはすごく個人に帰
するものなんじゃないかな。53番「死街地畫布自治
區」も55番「便乗する建築」もそう思ったし、27番「風
景の転写」もそうは思ったのですが、建築の力として
何か面白そうだと思ったからですね。すごく泥臭い下
町のところで周りが冬のようなのに、ここだけ春のよ
うになるというのかな。そういうものが描けるという
のは想像力のたくましさなのではないかなと思って
いて、そこに希望を感じました。そういう意味で、40番
「巣喰う街の観察日記」と27番「風景の転写」に投票

しました。

平瀬　はい、原田さんお願いします。

原田　二次では40番を選んだのですが、27番のプレゼン
テーションを聞いて少し思ったことがあります。意図
せず生まれたような、もともとある町場の感覚のよう
なものが骨格をつくることで、本当にそれがもう一度
立ち上がってくるのか。しかも文化施設というような
機能を持ってというのが、少しピントが自分の中で合
わなかった。あくまでも、100mの長い道とシルエット
というかボリュームというか、そういうのだけしか引
き継げないのではないかなと改めて思いました。そ
こでプレゼンテーションで話していることと僕ら審査
員側で想像していたことに、乖離があったような気が
したので選びませんでした。
　40番に関しては先ほども話されていましたが、分か
らないけれど分かると言ったらいいんですね。すご
く分かりづらいことをきちんと真っ当にプレゼンテー
ションしているなと。1つ1つ質問すると、きちんと応答
がある点が評価できると思います。お会いしたことは
ないですけれど、本人の人間味というかそういった
ものを感じられたので、きっとそれがプランにも落ち
ていて日記という形でプレゼンテーションしているん
でしょうね。プレゼンテーションと考えていることが一
致していると思いました。
　55番「便乗する建築」は卒業制作のトレンドという
ものがあるのでしょうが、僕はそういうことに参加した
ことがないので、そうなんだと思いながら聞いていま
した（笑）。ただ、小豆島のプロジェクトで建築家と協
力しているプロジェクトがあるのですが、それに非常
に近いものがありました。それがどのように機能して
いるのかを見てはいるので、55番の田所さんがお話
ししていることに対して門脇さんが助け船のような質
問をされて、すごく急に理解できたといいますか、すご
く風景と一体化して考えられたので、こういったもの
が真っ当に素直にきちんと提案できていたことに可
能性を感じて入れました。

## 各賞を決定する議論へ

平瀬　はい、ありがとうございました。それぞれのご意見を
いただきましたが、最終的には賞を決めなくてはいけ
ないので、ここから決めるプロセスへ移りたいと思い
ます。27番「風景の転写」は票がかなり多いですね、4
人中3票が入っていますので順当にいけば最優秀賞
かと思いますが、いかがでしょうか？

門脇　青木さんと髙橋さんの2人は、27番「風景の転写」に2
位として票を入れていますが？

青木　いや、実は3番「他者から見た世界」を推し続けてはいるのですが、いろいろ考えていくと最優秀賞としては27番がふさわしいのかなという思いが今はあります。だから今の時点では2位の票ではないですね。

平瀬　27番「風景の転写」に投票していない原田さんはいかがですか？

原田　建築家の皆さんからしたら、先ほどお話ししていたところが評価されるところなのかもしれないのですが、僕は少ししっくりきていない。

高橋　僕は27番を2位の票だとは思っていません。40番「巣喰う街の観察日記」とは系統が違います。27番はすごく魅力があると思います。あまり偉そうなことは言えないのですが、木造密集地のプロジェクトは、環境のせいもあってなぜかたくさん見ているのですが、このくらい夢のある空間を提示できている人はなかなかいないんじゃないかな。すごく印象に残るプロジェクトだと思うので、2位というわけでもないのかなと思うんですね。

門脇　僕は27番が1位なのですが、ここにアクティビティがなくとも、この物理的な建物だけができるだけでも、すごく風景が変わると思うんですよ。そういう意味で、建築の力が1番発揮されていると思いました。53番は、ある意味自分の信念がぶれないところを評価しています。40番もすごく惹かれたのですが、40番は設計者以外のところに頼っているところが気になります。これを建築の力として本当に呼ぶべきなのかというところに若干引っかかっています。

平瀬　27番は、1次審査で門脇さんにpocketという機能についてコメントをもらっていました。それをたぶん配信したほうがいいかなと思いますが、いかがでしょうか？

門脇　2次審査のときにも言ったと思うのですが、操作とし

ては街路部分と建物部分を反転させるということをしたわけですよね。そのことによって内部空間が拡張するのと、本来は閉じていたアクティビティが街に溢れ出すという主張になるのだと思いますが、このpocketという名称がすごく良いと思いました。道路が少し膨らんで織り込む形状になって、そこでふるまいというか行為が生まれていくという点ですね。この道の延長について、日本の場合は界隈性を担保する空間なのですが、それが膨らんで人がいる、定着するようになるのだという主張はすごく良いと思いました。そこにpocketという愛称をつけているのが、そのことをリアルに考えているのではないでしょうか。こういう図式的な提案をする場合は、非常に抽象的に考えがちなのですが、森下さんは平面図を見て分かるように、非常に具体的な行為を考えているのではないでしょうか。ミニ四駆レースとかも描かれているんですよ。細長い壁を突き破るようなテーブルなども描かれていて、すごく具体的に考えている点を評価しました。一方で、こういう行為が全てなくなっても、建築はおそらくこの場所を確実に変えるだろうというのが最後に推したポイントでした。

平瀬　ありがとうございます。審査員ではないので余計なことかもしれませんが、エッジの境界面の2,000mmの垂れ壁がすごく効果的なんじゃないかなと思って、このビジュアルを僕は見ていました。以上のように、審査員の皆さんはかなり好印象です。原田さんは意見がいろいろあると思いますが（笑）。

原田　いえいえ、補足にはなりますが、27番の作品を良いとは思っているんですよ（笑）。先ほどの門脇さんの話で、例えばこの建築の機能がなくなったとしても良いという話は理解できるというか、それはすごく分かるのですが、卒業設計をする時に文化交流施設として設計しているところに引っかかりを感じていると言えばいいのでしょうか。その辺のことを皆さんからお話を聞きたいです。

高橋　どこかの段階で脅迫されたので、おそらく文化交流施設と呼ぶしかなかったんじゃないですかね。だから、門脇さんがおっしゃっていることにも近いのですが、プログラムなんて別になくてもいいと言ってくれたほうが簡単に推せるかなと思いますね。その辺が卒業設計の1等という感じではない気がしました。1等の案というのはもっと濁りがないというか、もう少し純粋性があってもいいのではないかと思うんですよね。

原田　僕もそう思います。

平瀬　どうしましょうか、2対2のようになってきましたが？

門脇　むしろ40番について積極的に推せるところをもう少し掘り起こしてくれると、僕たちが納得できるかもしれ

ないです。

平瀬　40番を推している髙橋さん、どうぞ。

髙橋　本当に繰り返しになるのですが、何をつくったかではないと僕は思うんです。これから大人になれば、何をつくるかというのはいくらでも鍛えられるし、いくらでもチャンスが現れると思うんです。だけど、大学4年間の中で得られることというのはそういうことではなく、もっと悩んだ結果というか、もっと先を見越したうえで自分に何ができるかという、未来に対するリスペクトを含んだ行為というのがあったほうがいいのではないかな。この人が他の人と違うのは、この案で完璧だとか、これでもう市街地の過疎の問題は解決したとは言わないところですよね。そうは言い切れないし、そんなことを言ったら嘘だと、この人は言っているわけですよ。そこで、これから先にどうするべきかというのをただただ日記として痕跡をつくっていき、それしかないのではというところがすごく謙虚で、他の人にはない倫理観が強いのかなと思うんです。その倫理観がこのプロジェクトを公共的にしていると思います。公共的というのは文化交流施設や公園、役所などの公共ではなくて、これから将来的に人間が何に投資したらいいかという夢のようなことを指すと思うんです。そういう意味での公共性は、この人に1番かけてもいいんじゃないかなと感じたと思うんですよね。

平瀬　曽根崎への愛を抜くと（笑）、原田さんの意見はどうなりますか？

原田　曽根崎の愛はすでに置いています（笑）。クリティークのどなたかからの質問への回答がすごく印象的で、「建築家は未来に対して提案しないといけないと思う」とポソッと言ったじゃないですか。それがまさしく、彼の提案の中には入っているような気がしました。彼だけがつくるというか、彼だけではなく、町場の人も一緒に更新していけるようなシステムのようなものを設計しようとしているんだろうなとすごく感じました。曽根崎を置いても、その点でこの案を推したいと思いました。

平瀬　そのシステムのところは門脇さんや青木さんは分かりますかね？

門脇　僕はすごく分かります。研究室でもそれを結構議論しているし、経過観察を記述するというのも僕の研究室で方法論として確立しています。したがって、新しいものを見た気がしないというのが僕の本心です。

青木　僕も実は27番に投票したいと思っています。でも髙橋さんがおっしゃっていたことはとても大事だと思います。単純にアウトプットを問うのではなく、そのアウトプットに至る姿勢とか、ある種の主体性を評価するべきではないかという思いに共感しつつも、もっと自分のストーリーを深掘りしたほうがいいような気もしています。結果として示されている8つの状態とか、やはり見たことがあるんですよ。逆に僕はこのようなアウトプットを見てしまうと、むしろ謙虚さを感じないんですね。それで少し引っかかりました。

髙橋　なるほどね。少しパッチワーク的なところがありますもんね。それは模型でもドローイングでも感じます。

## いよいよ最優秀賞決定

平瀬　とはいえ、最優秀賞を決めなくてはいけません。どうしましょうか、お互いの意見を聞いてからまた投票しますか？

門脇　27番と40番のどちらが最優秀賞になっても、僕は全く、文句はありません。

髙橋　1個にしないといけないですか？

平瀬　別に1個にしなくてもいいですよね？最優秀賞が出ない年もあるので、その辺は学生実行委員会がどう判断するかだと思います。

髙橋　僕はどちらも最優秀に値するくらいすごく良い作品だと思います。

青木　念のため一言いいですか？27番に関しては、プレゼンの時に少し意地悪な質問を投げかけてしまったと思うんですよ（笑）。でも、それは僕の中では助け舟のつもりだったのです。この案から、建築を設計することはこういうことなのではないかと改めて気づかされる側面もありました。先ほどから昨今の卒業設計のトレンドの話を繰り返ししていましたが、やはりリアリズムに向かっているというところがどうしても気になるんですね。同様に雑多性に向かうというのも、1つのトレンドになっているのではないかと思うんですね。模型をつくりこみ、何か見慣れたものとかありふ

れたものに価値を見出していくというようなスタンスですね。そういう意味では、40番「巣喰う街の観察日記」も53番「死街地畫布自治區」も似ているし、やはり今のトレンドをトレースしていることになるんじゃないかな。55番「便乗する建築」に関してもそれが当てはまります。3番「他者から見た世界」に関しては、少し私小説的過ぎると思いながらも、僕自身はやはり評価したいと思います。でも、作者自身の主体性がついてきていないところにすごく距離を感じているので、大賞としては推しきれないと思います。そういった全体的な印象から、やはり27番「風景の転写」を推してもいいのではないかなというのを最後に付け加えておきます。

門脇　27番は僕としてはそれほど好きなデザインではないのですが。ある種の執拗さがあると思うんですよね。プレゼンボード1枚目のパースを魚眼レンズ的なと表現しましたが、ボードを見ると、その上にサイトのパノラマ写真があり、そのトレースだと思ってしまうところもあります。ただ一方で、すべてを魚眼で表現しているんですね。パースもそうですが、頑張ってスケッチした写真も魚眼に描いていますね（笑）。角がなくて角に暗闇がない。そういうところに闇が留まらないような設計から出てきた表現なのではないかと思います。それで、この執拗さは非常に評価できると思います。彼女のプロジェクトというコンテクストから必然的に導かれた、力強い表現であると評価します。素晴らしいと思います。

髙橋　僕は27番でもいいのですが、プレゼンが気になるんですよね。2枚目の内観パース4点が白過ぎて何かを思い出すんですよね。鹿児島で白いパースはどうかな、北海道だったら少し理解できるのですが。鹿児島という感じがしないんですよね。そこのアイデンティティが少し不在です。ものすごく引っかかります。これが最優秀賞だと公表された時に、何でこんな何度も見たことのあるようなパースが最優秀賞の作品に出ちゃっているのかなと言われて、本人が苦しむと思います（笑）。

原田　分かります（笑）。

青木　僕は40番も同様だと思います（笑）。

髙橋　40番も同様に苦しみますかね（笑）。

門脇　でも僕は、最優秀は1個にしたほうがいいと思います。最優秀という名前なのだから、ありかなしかだよね。

髙橋　40番でも27番でもどちらでも。

原田　苦しむのも大事ですよね。

髙橋　27番でもいいんですけどね。

青木　卒業設計は十字架ですから（笑）。

平瀬　その辺りも少し詳しく話してもらったほうがいいです（笑）。

原田　苦しむのもいいんだろうと思うんですよ。もがいて考えられるのですごく重要なことだと思うんです。

髙橋　確かにそうですよね。これが公に出ることで、おそらくこの人は表現を変えなくてはいけなくなるでしょうね。

門脇　いろいろな要素もありつつ、自分の表現は自分の表現でまとめているのだと思いますが、一方でもしこれが最優秀賞となった場合には、本当にオリジナルな表現をこれから突き詰めていかないといけないというのは課題としてあります。それを苦言として最優秀賞を贈るというのはありですね。

平瀬　苦しみながら、新しい表現を発見しながら、条件付きで最優秀賞ということで、皆さんよろしいですか？　それでは、27番「風景の転写」を最優秀賞にしたいと思います。おめでとうございます。27番の森下さん、おめでとうございます。

　それでは引き続き優秀賞を決めていきたいと思います。今議論に挙がった40番「巣喰う街の観察日記」は、優秀賞をあげてもよろしいのではないでしょうか？　それでは、40番もこれだけ議論になりましたので優秀賞にしたいと思います。40番の山田さん、おめでとうございます。優秀賞をもう1作品選ぶことになりますが、すべて1票ずつ投票されていますね。この3作品に投票していない髙橋さんはいかがですか？

髙橋　この3作品でしたら3番「他者から見た世界」を推します。ただ、この発言で決まりそうなのは嫌なのですが、3番の良さはやはり人間を越えようとしているところがすごく大きな提示だと思うんです。できあがっているものが彫刻なのか建築なのかというのは僕も思いますが、こうやってつくったものを人間が経験するということはあまり意味が分かりません。僕だったら、岩山に登って蛇なんかを見に行ったほうがいいんじゃないかなと思います。ただ、これはそういうことを言いたいのではなく、建築をつくるうえでの価値観というものを提示しようとしている。そういう意味では僕は3番の提案がすごく面白いと思います。

門脇　先ほどは言わなかったのですが、プレゼンを聞き、触覚や聴覚などといった視覚以外の根拠を建築に用いてつくろうというのは非常に新しいというか、現代建築の長らくの課題であり、そこに果敢に挑んだ姿勢はすごく評価できると思いました。

平瀬　ありがとうございました。それでは皆さん3番を優秀賞ということでよろしいですね？　好意的な意見がたくさんありますので、3番「他者から見た世界」を優秀賞にしたいと思います、おめでとうございます。

# Exhibited works

出展作品紹介

# 環る里山

小さな町がもつ里山という大きな資源。里山を取り巻く自然環境と生業から生まれるエネルギーを纏い拾い集める建築の提案。山の斜面に沿ってエネルギーの動線、貯蓄となる空間を設け、積雪を考慮した高床には間伐材を利用した木組みを採用した。木組みには住民が自由に板を設置することで、住戸間に様々な共用空間が生まれるとともに、冬には積雪による造形も加わる。植林計画と併せて、人が山に住まうための建築を提案することで、よりよい山の利用を考える。

ID02

## 石井 香也子

九州大学工学部建築学科B4

Answer 1. Illustrator, Photoshop, Rhinoceros, AutoCAD　2. 1ヶ月未満　3. 3万円程度　4. パースや図のテイストを揃える　5. 建築設計　6. Peter Zumthor 、石上純也　7. ホームセンター、Amazon、100均

Architectural model

Presentation Board

# 哲ちゃんのまほろば －行間をよむ美術館－

ID04

## 上村 理奈
熊本大学工学部建築学科B4

Answer 1. Illustrator, Photoshop　2. 1ヶ月未満
3. 5万円程度　4. 長い展開パースを主役にしたこと
です。　5. 組織設計　6. 伊東豊雄　7. ハンズマン

ハンセン病療養所を「まほろば」にして生きた「最後のらい詩人」桜井哲夫、通称哲ちゃんは「詩と詩の行間にあるものを書いていきたい」から言葉で詩作する。視覚や触覚さえも失った哲ちゃんの世界は音で構成され、音が、言葉が、人の隙間を埋め「まほろば」となっていく。本計画は未だ残るコンクリート壁で閉ざされた療養所と駅の間に、哲ちゃんの世界を創造する。詩と詩の行間を表現した展示体験によりまちと療養所の行間を繋ぐ。

Architectural model

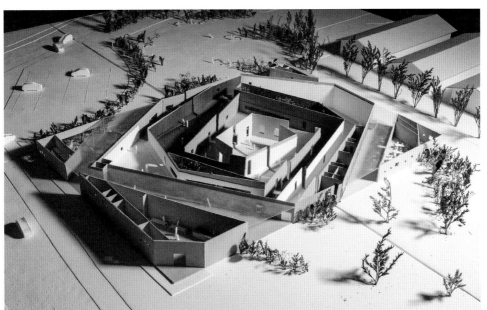

Presentation Board

# 流動

子供が"流動する"小学校。学校を動き回って、もの・場所・人を発見し、建築という環境が学びの動機を発生させる事を狙った。まちの核となる地域施設を貫入させ、その周りにチューブ状の小学校が絡まる。小学校と地域コアは動線が分かれ、学校の時間は互いが見えるだけ。内部動線を流れると、動線同士のズレや立体交差によって、あちこちで起きている光景の断片が次々と見える。子供達の流動は、居場所や切り取られた活動の断片を伝い、自ら学びの動機を生む。

ID05

## 瀬谷 祐人

法政大学デザイン工学部建築学科B3

Answer 1. Illustrator, Photoshop, Rhinoceros, AutoCAD, V-Ray  2. 2〜3ヶ月  3. 4万円程度  4. 見やすさ・個性・統一感  5. 設計職  6. 太田市美術館・図書館  7. レモン

Architectural model

Presentation Board

流 動

学びを生む地域コア小学校

受動的な現在の学びに対し、
自発的な学びのきっかけを建築生み出せないか？
大きく縮小を迎えるまちで小学校は地域にどう貢献するのか？

地域コアと小学校の2つの連続したボリュームを絡ませる。
生徒は動線を"流動"し、人や自分の場所、興味と出会う。

"流動"が発見と探求をもたらす。
そして"流動"は学びを生み出す。

# 解体の創るイエ

解体とは、創ることである。この提案において解体するという行為は住宅が次の形へと変化するためのポジティブな行為である。解体足場により9棟の住宅をスケルトンリフォームし、それらをつなげて1棟の大きなイエへと転換する。間取りは変更され、路地を内包したこの大きなイエの中には小さなマチが広がっていく。イエの解体と家族の解体という2つの解体を行い、解体足場を起点として創りつづける住宅の将来像を提案する。

ID08

## 鈴木 滉一
神戸大学工学部建築学科B4

Answer 1. Illustrator, Photoshop, Rhinoceros, SketchUp, ArchiCAD, Hand Drawing　2. 1ヶ月未満　3. 12万円程度　4. 足場とそれ以外を明確に伝える　5. 戦略コンサルタント　6. まっくさん　7. KAWACHI

Architectural model

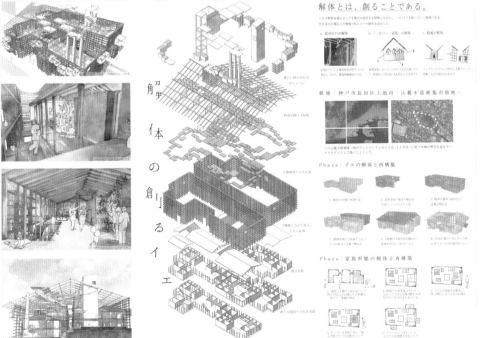

Presentation Board

# 流れる軌跡 −岡山城内堀を臨む文化交流拠点−

岡山城内堀に面した文化交流施設を提案する。敷地周辺には岡山県立美術館をはじめとする文化施設が集積しており、岡山の文化の中心地と言える。そこで、周辺文化施設の核となる市民と観光客のための文化拠点をつくり、岡山に文化圏を創出する。デザインコンセプトとして堀・城・水・緑を挙げ、それらの相乗効果で流れるような美しい空間をつくる。建物の帯、動線の帯、水の帯、緑の帯が敷地全体を繋ぎ、その流れの中に多様な景色を生み出す。

ID09

## 佐田 桜

神戸大学工学部建築学科B4

Answer 1. Illustrator, Photoshop, Rhinoceros, ArchiCAD 2. 1ヶ月未満 3. 5万円程度 4. プレゼンの順に図面等が並ぶように、流れを意識することを工夫しました。また、私は平面図を見せたかったので、最初に目に付くように、そしてそれを囲むように空間が把握できるものを並べました。 5. 設計職 6. 伊東豊雄 7. カワチ、ハンズ、コーナン、レモン画翠

Architectural model

Presentation Board

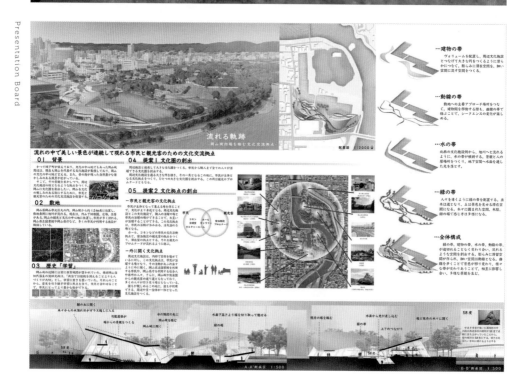

# 陸の浮桟橋

彫刻家のロバート・アーウィンが定義した「敷地を決定づける彫刻」は敷地の潜在的な環境を顕在化する彫刻である。私はこれを建築に展開し、その土地の地理的文脈を現す建築を設計した。敷地は東京都世田谷区岡本。特徴的な地形とは無関係に町の地下を旧渋谷町水道が真っ直ぐ流れている。この水道道路を敷地とすることで岡本の特徴的なランドスケープを顕在化させる。この顕在化は多摩川氾濫時のための避難経路としても機能する。

ID10

岡田 吉史

千葉工業大学創造工学部建築学科B4

Answer 1. Illustrator, Photoshop, Rhinoceros, Vectorworks 2. 1ヶ月未満 3. 10万円程度 4. 見たときのインパクト 5. 設計事務所 6. ロバート・アーウィン 7. 店舗（レモン画翠）

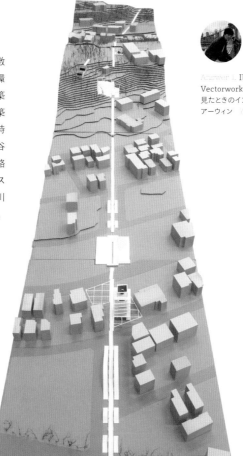

Architectural model

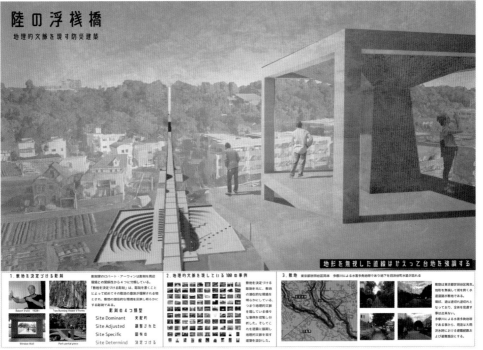

Presentation Board

# この風景をいつまでも

長崎の夜景を後世へと残すための提案。すり鉢状の地形によって、世界三大夜景を有する長崎。住戸の高層化に伴い人々が平地へと移り住み、斜面地の空き家が増えることで街の灯が失われている。そこで、長崎の斜面地に「基壇となる枠」「さかみち住戸」を配置し、坂道の縁側空間によって光を増幅させ、人々の暮らし・世界三大夜景を守り続ける仕組みを生み出す。消えつつある夜景を守るために、斜面地に豊かな暮らしを提案し、街の灯を灯していく。

ID11

## 石橋 淳史
麻生建築&デザイン専門学校
工学部建築工学科B3

Answer 1. Illustrator, Photoshop, ArchiCAD, LUMION　2. 3〜4ヶ月　3. 3万円程度　4. 夜景の世界観をプレゼンボードで伝えるよう工夫しました。　5. アトリエ設計事務所　6. 隈研吾　7. 通販

Architectural model

Presentation Board

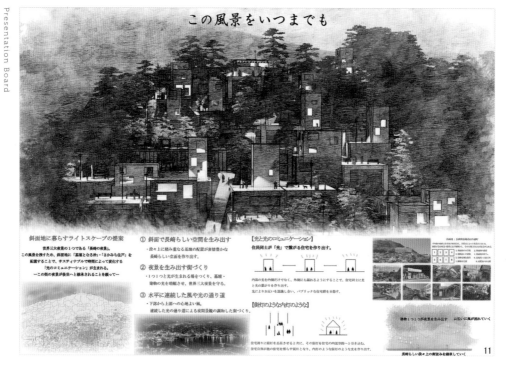

# 山麓の堰堤
## －土砂災害の教訓に学ぶフィールドミュージアム－

砂防堰堤から延びた建築空間が自然と人間の暮らしの乖離を埋め、地域の活性化資源となる公共施設を計画する。施設に土砂の流出を受け止める防護壁を設けて地域の安全性を高めるだけでなく、市民の集う空間を付随させることで地域の人々がより親しみやすい空間にした。この施設が自然と人間の暮らしを結ぶジョイントとなり、より豊かな暮らしを創出する。

ID13

**向上 沙希**
神戸大学工学部建築学科B4

Answer 1. Illustrator, Photoshop, Rhinoceros, LUMION 2. 1ヶ月未満 3. 8万円程度 4. 森は木の画像をパッチワークのようにつなげて表現している。 5. 建築系の教員 6. 旅行で見てきた建築物（たくさん） 7. ネット

Architectural model

Presentation Board

# chaos theory −まちの余白に小さくて大きな構築を−

時代やコミュニティの変化に呼応するように衰退を迎えるまちでは、空間は余りはじめており管理の希薄化した道や土地は本来とは異なった用途で、住民による無秩序な占有化により利用されている。それらは丸山地区の土地傾斜とも関係性を持ち、住民同士の緩やかなルールの間で地域の小さな関係を築いている。まちの余白に対してそれらを引き出す建築空間を提案する。その小さな理論の蓄積は景観をも変化させる大きな構築を生み出す。

ID15

**濱 友彦**

山口大学工学部感性デザイン工学科B4

Answer 1. Illustrator, Photoshop, Rhinoceros 2. 1ヶ月未満 3. 5万円程度 4. テクスチャに拘った模型による、場面ごとのパース 5. 建築家 6. 安藤忠雄/六甲の集合住宅、メタボリズム 7. レモン画翠、ホームセンター

Architectural model

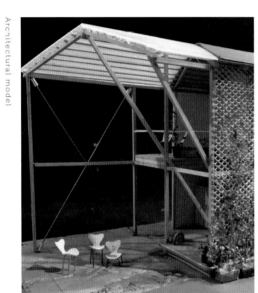

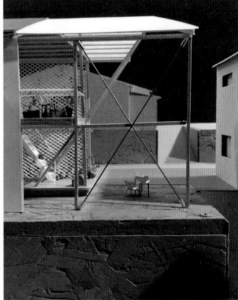

Presentation Board

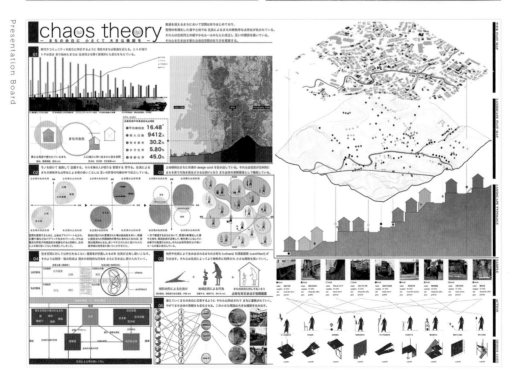

# 外天楼

都市の中で立ち続ける塔にはどこか「塔らしさ」が失われているように感じる。塔を登るという身体性や、象徴性、想像の余地などの「塔らしさ」がない塔は、それが建つ地域の象徴とも言える地域資源を奪っていく。そう言った塔が立ち続ける大阪梅田のそばにありながらも、あふれだしなどによって人々の生活が見え、地域らしさが蓄積されてきた中津に、失われた塔らしさを復権させた塔を設計し、そこでの生きかたを提案する。

ID17

## 林 大智

摂南大学理工学部建築学科B4

Answer：Illustrator, Photoshop, SketchUp／1〜2ヶ月／1万円程度／見やすさ／設計事務所／ヨコハマ買い出し紀行／カワチ

## 外天楼

### 設計趣旨

都市の中で建ち続ける「塔」にはどこか「塔らしさ」が失われているように感じる。塔らしさのない塔はそれが建つ地域の地域らしさをも奪っていく。私はそういった塔が建ち並ぶ大阪梅田のそばにありながらも「あふれだし」などによって人々の生活が見え地域性が断絶されている中津に現代の塔から失われつつある「塔らしさ」を復権させた塔を設計しその塔での生き方を提案する。

### 敷地情報

大阪梅田は2024年の夏にうめきた2期エリアの開業によって新たにオフィスやホテル、高層マンションなどの塔が建つ。エリアの半分が都市公園として計画されているため、そこに建つはずであった塔は将来うめきた2期エリア周辺に建つことになる。こうして周囲も徐々に発展していくものを悔らしさとする。それに対して対象敷地である中津は都心に近いにも関わらずごちゃっとした情緒のある街となっている。こうしたものを中津らしさとする。もし、うめきた2期によって周辺の地域にも塔が立つとなると中津らしさも改廃に梅田の塔によって飲み込まれてしまうだろう。

### 「塔らしさ」

塔は古くから、天へそびえ立ち、時代や思想、国や地域にわたり常に何かを象徴し続けてきた。現代の塔は高いだけで「塔らしさ」を感じない。高さや象徴性は「塔らしさ」と言えるがもっと多くの意味をはらんでいると考え、現代の塔とかつての塔を比較することで高さや象徴性以外の「塔らしさ」とは何かを考えた。

①塔に対する実感：塔を登り高さを得るために空間を体験することで生まれる実感、塔がそこに立っていると言う実感。（高さを得るために階段をのぼる、周囲へ突出している。）

②みる見られる関係：地域から塔が見られる、塔から地域をみると言う関係性、塔が建つ周辺との関係性がある。

③想像の余地がある：個人の思想や人々の夢、権力や技術力などの目に見えないものを形にした塔は、受取手によって解釈が異なる。

### 梅田の塔と中津の塔

梅田の侵食を回避するため、梅田の塔の要素を持ちながらも中津でしかできない塔を計画しなければならないと考える。

#### 梅田の塔
- 都心へのアクセスが良い。
- 一部高層を開閉させ効率よく人をたくさん乗せうことができる。
- 地域との関係が希薄な塔を。
- たくさん建っているため、周りからの見られる対象ではない。
- 人の生活を感じる余地がない。

#### 中津の塔
- 都心へのアクセスが良い。
- 一部高層を開閉させ効率な少人数の人が住むことを。
- 地域との関係が希薄な塔を。
- 住宅型のスケールに対してかなり高く建ち、見られる対象となる。
- 人の生活を感じるもの、想像できる。

### 敷地周辺で確認できた中津らしさ

あふれだしや増築や改築によって凸凹したファサード、アーケードの背押しなど、都会では許容されない風景が中津の路地空間では許容されている。こういったものが生活感を与え、中津にしかない情緒あふれる「らしさ」を生成している。

# 棲家

世間から忘れられ下界と呼ばれてしまうような、自分の故郷にもう少し生き続ける為に建築にできる力を考えたことがきっかけ。棲家は、人と草木と動物の生活空間となる建築の在り方。誰からも関心を持たれない兎谷で、まだ棲むための最終手段として建築の終焉を自然へ手渡してゆく。枠の内部にある一つの空間は、子供の隠れ家であり土が溜まってススキが背を伸ばしイタチが生活をする場でもある。一つ一つが時の流れの中で地球の一部となる。

ID18

## 山本 彩菜

九州産業大学工学部建築学科B4

Answer 1. Illustrator, Photoshop, SketchUp, Vectorworks　2. 1ヶ月未満　3. 5万円程度　4. 余白のレイアウト　5. 建築関係　6. 世の中の物事すべて　7. 丸善、カインズ

Architectural model

Presentation Board

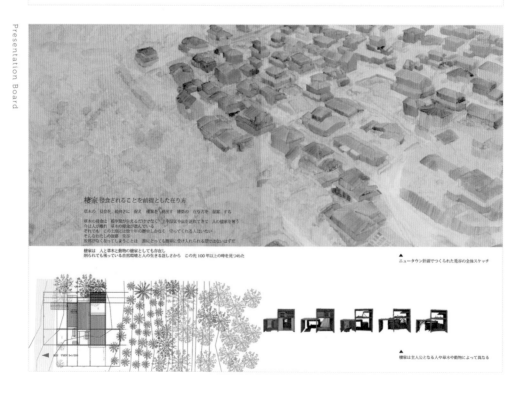

# Re.Perception Base －出会いの群生建築－

機械的に均質化されゆく現代建築の空間単位（ボックス）をチューブへと拡張し、ある規定に従いつつ自由に伸縮、錯綜させることで生まれる、空間同士や人々・機能の出会いによって、多様に更新される建築を考えました。空間単位が群生し、出会いを繰り返すことで機能・マテリアル・切り取られる風景が重層する、こちらの意図を超えた自然発生的な内部空間が連続して形成されていき、それが組み合うことでこの建築は展開されている。

ID19

## 土田 昂滉
佐賀大学理工学部都市工学科B4

Answer 1. Illustrator, Photoshop, SketchUp, Vectorworks　2. 1ヶ月未満　3. 3万円程度　4. ビジュアルの配置とテキストのフォントなど、分かりやすさとデザイン性を両立させる。　5. 設計業　6. 平瀬有人 先生 , RCR Architect　7. ワタナベ画材

Architectural model

Presentation Board

# 寄生住

人間は元々、その地形や天候に逆らわず、自然の形に寄り添って建築、集落を築いてきた。しかし、現在東京を中心とする都市では地形を掘り起こし、新しいものを一から作るようになってしまった。そのような快適なのかもしれないがどこか息苦しい。そこで元からある地形を生かし一つの集落を作ろうと考えた。今や使われないJAXAのパラボラアンテナを一つの地形として捉え、元からあるものの形状、機能から更なる豊かさを生み出すことを試みた。

ID20
## 林 駿哉
大阪市立大学工学部建築学科B3

Answer 1. Illustrator, Photoshop, Rhinoceros, Grasshopper　2. 1ヶ月未満　3. 1万円未満　4. わかりやすいようにした　5. アトリエ　6. リボンチャペル　7. カワチ

Architectural model

Presentation Board

100

# 建つ家 土地を壊さず

現在の住宅地開発は、自然の肌を切り崩しコンクリートで覆うことで防災と宅地形成を行う。この計画では、杭により、自然を壊さず防災を行う。防災に使用した杭を基礎として住宅が建設される。土地は共有し、杭の所有権で住宅を建てることで、敷地境界は薄まり、住民同士の繋がりが生まれる。自然を破壊せずに住宅が建設されることで、住宅は自然を取り込んだものとなる。様々な境界が曖昧となった住宅群は、自然や隣人と共存するものとなり、豊かな生活を生みだす。

ID21

## 福島 岳大
広島大学工学部第四類B4

Answer 1. Illustrator, Photoshop, Rhinoceros, ArchiCAD, twinmotion 2. 1ヶ月未満 3. 1万円程度 4. 統一感、見易さ、バランス 5. 建築家 6. Peter Zumthor 7. 文具店、ホームセンター

Architectural model

Presentation Board

# 路上の吊島

五反田の山手通りの路上には、地下を走る首都高のための換気塔がある。その足元の中央分離帯は拡幅され、手付かずの空き地となっている。必要悪的なこのインフラをポジティブに捉え、忙しない都市から一歩引いたような、人々の拠り所として建築化していくことを提案する。街中の様々なアクティビティが気ままに集い、重なり、表層するこの「吊島」では、毎日何が起きるか分からない。そんな刺激的な公共性を路上に築き上げる。

ID22

## 安田 一貴
東京理科大学理工学部建築学科B4

Answer 1. Illustrator, Photoshop, Rhinoceros
2. 1ヶ月未満　3. 8万円程度　4. 図面をできる限り載せる　5. 組織設計　6. 磯崎新　7. レモン画翠、生協

Architectural model

Presentation Board

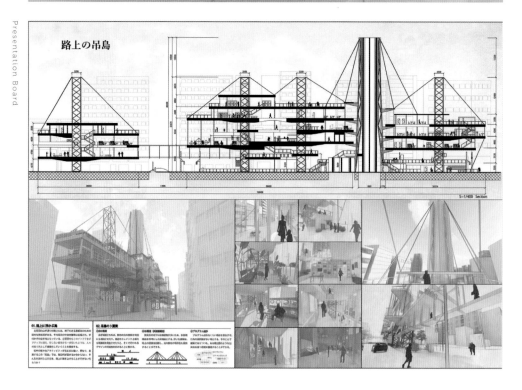

# 技工の短冊
## －播州刃物が結びつける職人技とともにある街の提案－

使用する刃物が作業精度に大きく影響する職人に多くの支持を集める、播州刃物。鍛冶屋は現在衰退の傾向にあることから、将来他の職人業にも連鎖的な打撃を与える恐れがある。鍛冶職人の新しいあり方を支援する建築をデザインする。これからの職人に必要なあり方は、互いの生業を支え合い、刺激をしあう集団の関係であると考え、異種の職人たちを「播州刃物のユーザー」という共通点の元、コーディネーターとしての建築がつなぐ。

ID23

### 黒田 悠馬
九州工業大学工学部建設社会工学科B4

Answer 1. Illustrator, Photoshop, SketchUp, AutoCAD 2. 1ヶ月未満 3. 2万円程度 4. 絵で伝えるように努める 5. 建築家 6. いっぱいありますが、非常勤講師としてご教授いただいた2人の建築家の先生は大きいです。 7. 九州画材、グッデイ、クエスト、生協

Architectural model

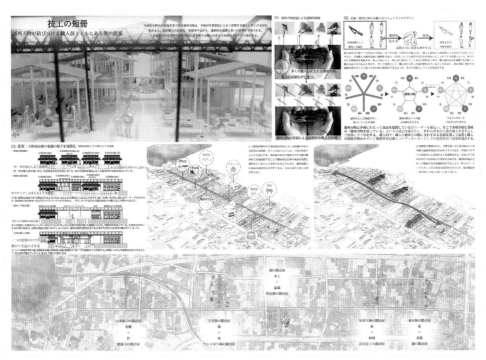

Presentation Board

# Mountain Encounter
## __ 里山再生を行う観光・福祉複合施設

ID24

## 田中 勝
東京工業大学大学院M2

かつて、豊かな自然を基に観光地として栄えた嬉野町。近年では町人の高齢化によって土地を管理する人手が足りず、土地が荒れ果て観光客も減少している。 そんなこの地に、2022年に新幹線が開通する予定であり、その駅前には大規模な病院が建設された。それによる外部からの人の流入が考えられる。 そこで、訪問者と町人が里山という資源によって繋がり、外部の人々とともに町の自然(里山)を管理していく建築物を設計した。

Answer 1. Illustrator, Photoshop, SketchUp, Vectorworks 2. 1〜2ヶ月 3. 1万円程度 4. できるだけ情報をコンパクトにして見やすくなるよう心がけました。 5. 病院やホスピスなどの福祉施設の設計に携わりたいです。 6. リチャード・ノイトラの作品 7. レモン画溪

Presentation Board

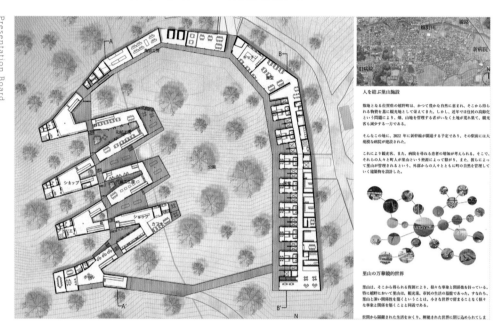

**人を結ぶ里山施設**

舞台となる佐賀県の嬉野町は、かつて豊かな自然に恵まれ、そこから得られる物資を基に観光地として栄えてきた。しかし、近年では住民の高齢化という問題により、畑、山地を管理する者がいなく土地が荒れ果て、観光客も減少する一方である。

そんなこの地に、2022年に新幹線が開通する予定であり、その駅前には大規模な病院が建設された。

これにより観光客、また、病院を尋ねる患者の増加が考えられる。そこで、それらの人々と町人が里山という資源によって繋がり、また、彼らによって里山が管理されるという、外部からの人々とともに町の自然を管理していく建築物を設計した。

**里山の万華鏡的世界**

里山は、そこから得られる資源により、様々な事象と関係性を持っている。特に嬉野において里山は、観光地、市民の生活の基盤であった、すなわち、里山と深い関係を築くということは、小さな世界で留まることなく様々な事象と関係を築くことと同義である。

世間から隔離された生活をおくり、隔絶された世界に閉じ込められてしま

Presentation Board

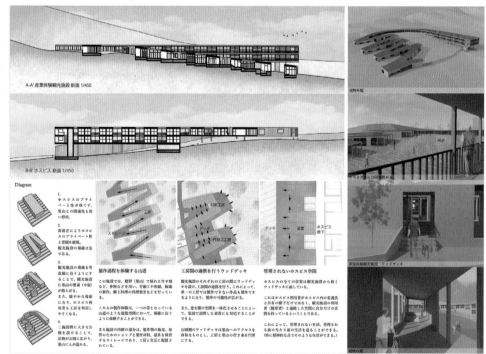

A-A' 産業体験観光施設 断面 1/450

B-B' ホスピス 断面 1/450

**Diagram**

1. ホスピスのプライベートと性が保てず、里山の関連性も浅い形状。

2. 高低差によりホスピスのプライベート性と景観を確保し、観光施設の導線は急である。

3. 観光施設の導線を等高線に沿うようにすることで、高低差の大きい里山の要素(中腹)が得られる。また、緩やかな福祉施設になり、ホスピス専用室を工房として利用しやすくなる。

4. 二施設間に大きな分節を設けることで、活動が公園に広がり、里山に人が溢れる。

**製作過程を体験する山道**

この施設では、嬉野(里山)で採れた竹や椿など、作物などを用い、竹細工や籠細工、陶器の製作、郷土料理の料理教室などを行っていく。

これらの製作体験は、一つの夢となっている山道のような施設空間にすることで、導線に沿う山道のような空間にすることができる。

**工房間の連携を行うウッドデッキ**

観光施設のそれぞれの工房の間にウッドデッキを設け、工房間の連携を行う。これによって、単一の工房では製作できない作品も製作できるようになり、製作の可能性が広がる。

また、窓を開けた空間を一体化させることによって、施設で訪問した要素にも対応することができる。

**管理されないホスピス空間**

ホスピスの全ての居室は観光施設から続くウッドデッキに面している。

これはホスピス利用者がホスピス内の看護氏と共有の軒下だけではなく、観光施設の利用者(健康者)と連続した空間に自分だけの変を持っているということである。

これによって、管理されない生活、管理される病の当たり前の生活を送ることができる。(特に精神的な点でそのような生活ができる。)

公園網のウッドデッキは里山へのアクセスを容易なものとし、工房と里山の行き来を円滑にする。

# Apartmentコウボウ
## －郊外集落における生業集約型賃貸住宅－

この町にいいところなんかないよ。瀬戸に暮らす人がそう言った。この町にはやきもの文化があり長い間生活の中心となってきたが、郊外化により瀬戸に来た人にはそれを知らない人も多い。そんな人々に「瀬戸に暮らす＝やきものと生きる」この言葉の意味を考えて欲しい。これは衰退していく瀬戸市において、地域に暮らす人々がツクリテの賃貸住宅を通してやきもの文化と生きゆく瀬戸での暮らし方を再考するきっかけの提案である。

ID25

### 皆戸中 秀典
愛知工業大学工学部建築学科B4

Answer 1. Illustrator, Photoshop, SketchUp, ArchiCAD 2. 1〜2ヶ月 3. 10万円程度 4. 配色、全体のバランス 5. 設計職 6. 藤森照信 7. セントラル画材

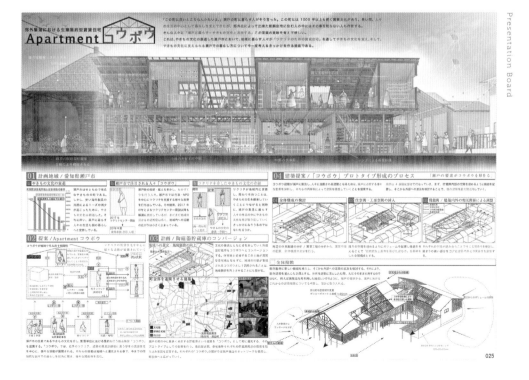

# 境目の再構築

3年後期の課題で幼稚園を設計しました。敷地内に幼稚園だけを設計するのではなく、幼稚園と地域の境目を再構築し園児と地域の人々を結ぶ場を提案します。地域に開く場として壁のギャラリーを用い、通り抜けられる道を周辺調査から得られた隙間の道、のぼり道、引き込む道、気まずい道の四つを敷地内に通し、集う場が異なることで溜まり場が不規則に生まれ、園児と地域の人々が見る見られるのコミュニケーションが取れます。

ID26
## 吉永 広野
九州産業大学建築都市工学部建築学科B3

Answer 1. Illustrator, Photoshop, Vectorworks
2. 2〜3ヶ月　3. 1万円程度　4. 特になし　5. アトリエ事務所　6. 特になし　7. ハンズマン

Architectural model

Presentation Board

# DNA of Architecture
## 〜小林家系における慣習的な設計手法の確立〜

私は父親似の顔で性格は母親似だと良く言われます。それはDNAの遺伝であり顔の形や性格が似たからなのです。そこで私は今までに住んできた家に対しシークエンスや機能、空間構成が系譜のように遺伝していると仮説を立て、それを設計手法として自分が住むための自邸を設計します。私はこの設計を通して誰しもが持ち合わせる親や親族から受け継いだ遺伝が、これからの建築界の1つの設計手法になることを願います。

ID28

## 小林 友哉
東京都市大学工学部建築学科B4

Answer 1. Illustrator, Photoshop, Rhinoceros, Vectorworks 2. 4〜5ヶ月 3. 30万以上 4. 目新しさ 5. 現在院浪、将来建築家 6. 福島加津也 7. レモン画翠、渋谷ハンズ

Architectural model

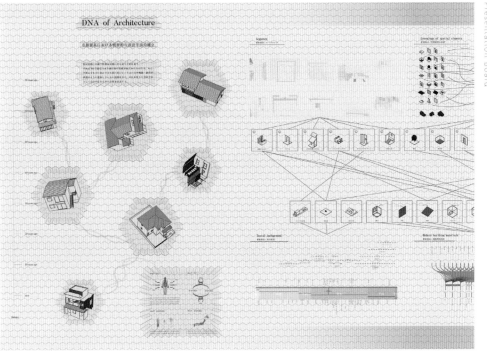

Presentation Board

# 映画建築の一回性

ID29

吉弘 幸汰
摂南大学理工学部建築学科B4

映画に映る建築というのは、なぜこんなにも魅力的に見えるのか。この疑問から卒業設計が始まった。調べていくと、今ではもう映画になりやすい街がない。今それがないのは皆が納得するものしか建たない現実があるからだ。同じような外観・機能の建物が建ち並び、風景が均質化する。この状況下の映画に映る建築を見つめ、映画建築を提案する。皆が納得しなくてもいい建築を建てることが出来れば、映画になりやすい街が取り戻せるのではないだろうか。

Answer 1. Illustrator, Photoshop, Rhinoceros, Cinema 4D　2. 1〜2ヶ月　3. 2万円程度　4. 文字ばかり書いてしまう所があるので、パースや絵を多く入れました。　5. 設計職　6. 人物:鈴木了二、増田信吾+大坪克亘／作品:東京カテドラル、ソーク研究所、Todoroki House in Valley　7. KAWACHI

Architectural model

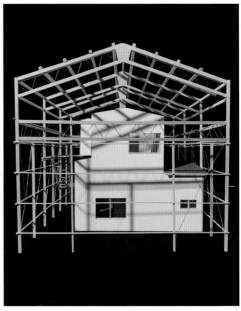

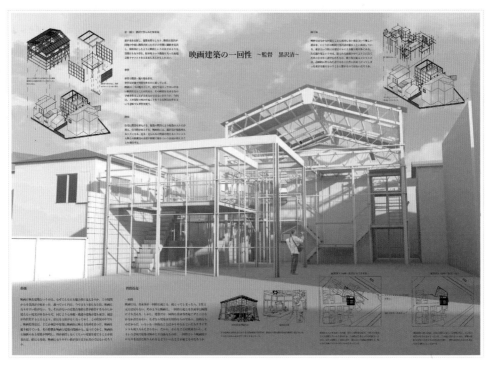

Presentation Board

# カワイく暮らす街

現代の都市では、街にある多様なコンテンツはかわいいと言われている。一方で、街全体がかわいいと言われることは少ない。外観の問題ではなくて、街全体のつながりや愛着が感じられないからだと考えられる。そこで、多様性の街と言える大名を敷地とし、共感の意味で用いられる"カワイイ"と言う言葉をキーワードに、大名を拠点として住む人と働く人のシェアから、その多様さを生かした、街を繋ぐ"カワイイ建築"を提案をする。

ID30

植田 真由
福岡大学工学部建築学科B4

Answer 1. Illustrator, Vectorworks 2. 6〜7ヶ月 3. 2万円程度 4. テーマに合わせて細かいところにイラストを入れたりするようにしました。 5. ハウスメーカーの設計です。 6. SANAA 7. 山本文房、学内、100円ショップ

Architectural model

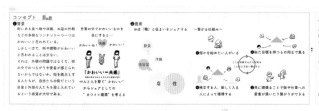

Presentation Board

# 道すがらに出会い、安らぎを

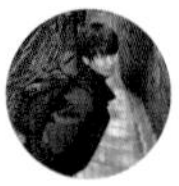

ID31
三谷 啓人
近畿大学工学部建築学科B3

Answer 1. Illustrator, Photoshop, Rhinoceros 2. 1ヶ月未満 3. 1万円未満 4. 全体の配置 5. 組織設計 6. 豊島美術館 7. 学校の購買

インフラが整備された現代では、移動にかかる時間は短くなり、タイムロスを生じることが少ない便利な世の中になった。しかし、それにより急かしく動く現代人は、心に余裕がなくなり、身の周りの豊かな世界を見落としがちではないだろうか。また、場所から場所までの間をタイムロスと捉え、その間を見捨て過ぎではないかと感じる。本設計では、人に心の余裕をもたせ、世の中に散らばっている豊かな世界が私たちに絡まるような空間を設計する。

Architectural model

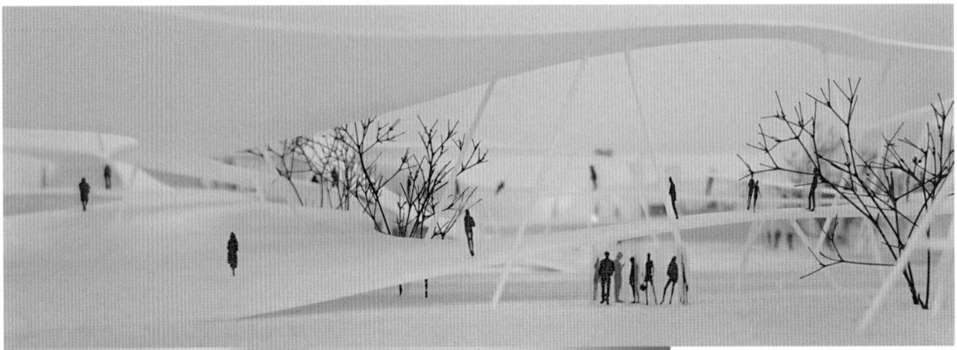

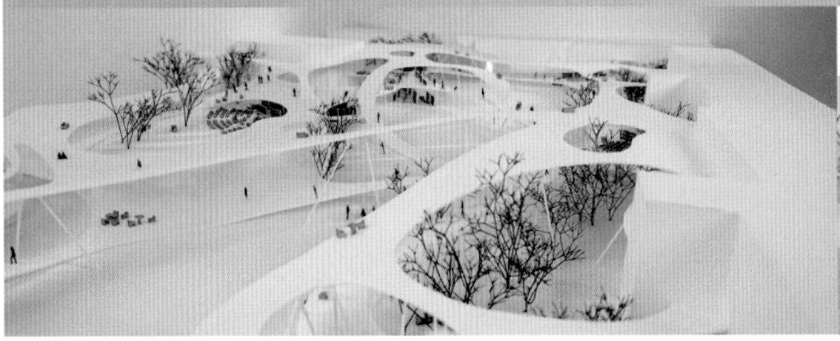

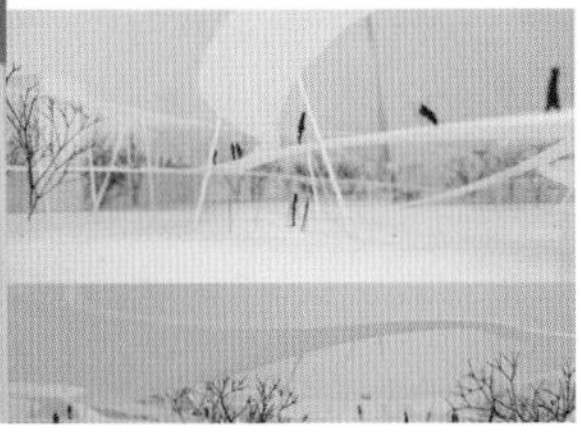

Presentation Board

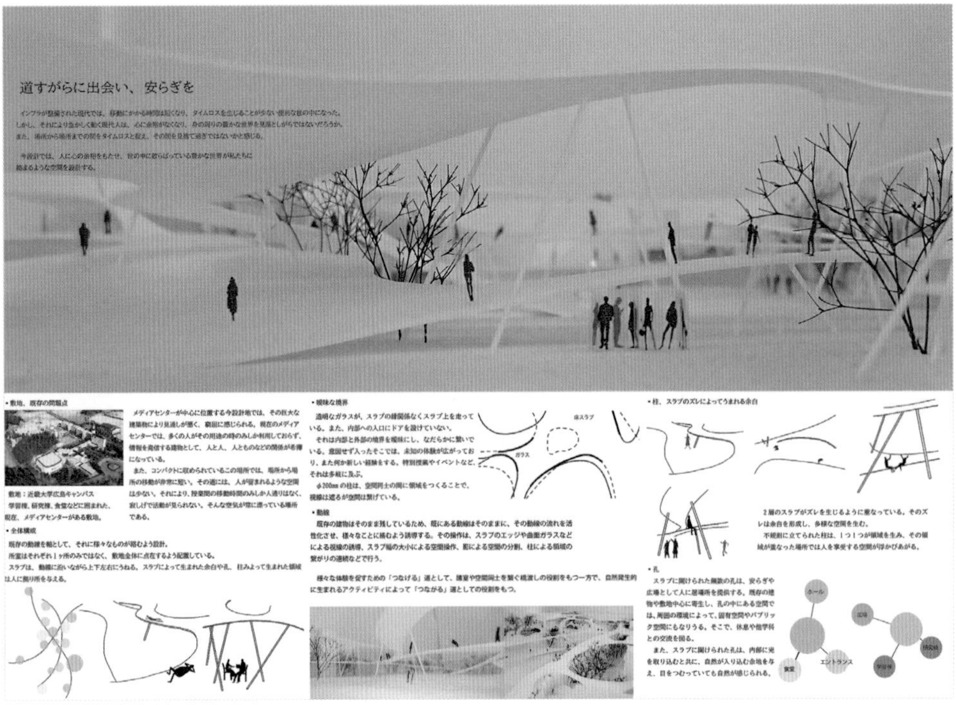

# 建築と遊具のあいだ

「あそびかた」やその「かたち」は子どもたちにつくってもらい、安全につくれるかたちの生成方法（アルゴリズム）をデザインする。この2つの相互作用によってつくられるあそび場のデザイン・システムの構築を試みた。「子どもたちがあそび建築家であり、あそぶ人であれるような場所」を実現可能にするための方法論や仕組みによる新たなあそび環境の構築・提案を目指す。

ID32

## 関口 大樹

慶應義塾大学環境情報学部
環境情報学科B4

Answer 1. Illustrator, Photoshop, Rhinoceros　2. 5〜6ヶ月　3. 20万円程度　4. なるべく文字ではなく、絵やダイアグラムで伝えたいことを表現するようにしている。作品の印象はプレゼンボードを3秒ほど見た印象で良し悪しが伝わってしまうので、ファーストインプレッションで一番伝えたい作品の意図を伝えられるようにしています。　5. 建築や場のデザインに関わる仕事　6. 仙田満・松川昌平　7. 世界堂

Architectural model

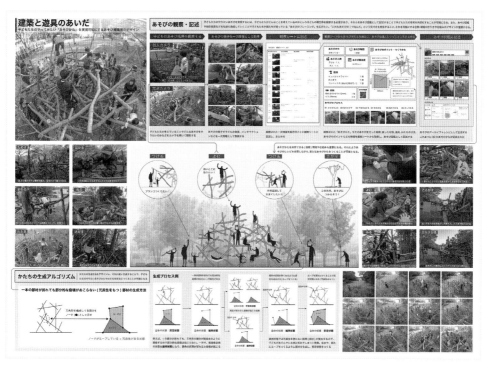

Presentation Board

# 附子のオアシス

私たちは陰湿な附子です。附子による附子のための建築を提案します。舞台は都市、栄。キラキラした最先端風の建物が並ぶ。私たちは"美人"と呼んでいます。ブスと美人は表裏一体。美人はブスを秘め、取り繕っているのです。ブスなオアシスは附子の居場所です。美人から見るブスは醜く、自然体で在る。壁、床、天井、窓を一纏めにした野蛮な空間で、生きものが土の中に生息するような動物的体験をする。本能のまま、ありのままの自分でいられる場所。その名も"附子のオアシス"。

ID33

## 大見 果 / 玉田 朱乃 / 長谷川 真央

名城大学理工学部建築学科B3

Answer 1. Illustrator, Photoshop, Vectorworks
2. 1ヶ月未満　3. 1万円程度　4. 一番伝えたい事を明解にすること。　5. 建築関係　6. 生田京子　7. セントラル画材

Architectural model

Presentation Board

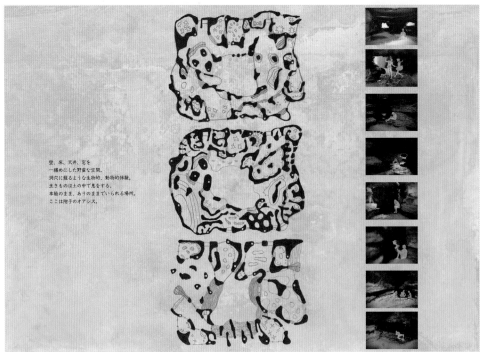

壁、床、天井、窓を
一纏めにした野蛮な空間。
洞穴に籠るような生物的、動物的体験。
生きものは土の中で息をする。
本能のまま、ありのままでいられる場所。
ここは附子のオアシス。

# 夢の跡に夢を浮かべる

その際機能的に建築を考えるのではなく、想像力を刺激するような空間をつくることで
インプットとアウトプットを連続的な往復させる方ができるのではないかと考えた。

ID34

## 柴田 章一郎

名古屋工業大学社会工学部
建築学科B3

Answer 1. Illustrator, Photoshop, Rhinoceros
2. 1ヶ月未満　3. 1万円未満　4. スムーズに理解で
きるように因果関係をできるだけわかりやすくするよ
うに意識した　5. 文化財修復士　6. ルイスカーン
7. 生協

Architectural model

Presentation Board

# 都市公園を切りとる

名古屋市の中心部に位置する白川公園は都市における大きなヴォイド空間となっている。この緑豊かな都市の余白にランドスケープと一体となった美術館を提案する。ホワイトキューブのようなboxの閉ざされた展示空間ではなく、公園のような空間を体験する展示空間を生み出す。公園内に起伏をつくり出すことによってアクティビティが生まれる。そして起伏を公園全体に広げてつくり出したランドスケープを切り取るように一枚の屋根をかけることによって美術館をつくる。

ID35

## 勝 満智子
名古屋大学工学部建築学科B3

Answer 1. Illustrator, Photoshop, ArchiCAD
2. 1〜2ヶ月  3. 1万円未満  4. 手描きのパース  5.
建築設計  6. 豊島美術館、水庭  7. 世界堂

Architectural model

Presentation Board

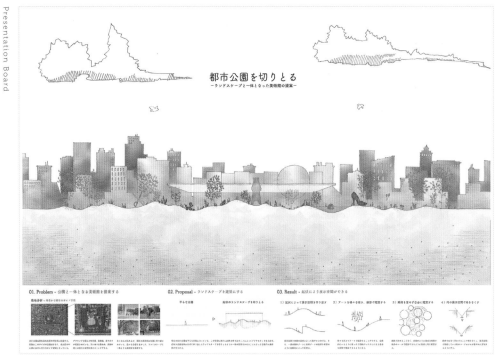

# 本と旅する空間

印刷される本が減る中で、今後本は電子化されていくだろう。そんな時代で、本が旅をすることに可能性を感じた。本が旅をするというのは本が人から人へ渡ること。特定の場所や空間、本棚に本が留まる必要はない。中心市街地ではなく住宅街のかつて駅があった場所を拠点とし、街ごとの特徴を根拠に本や人が集まる。本が旅をすることで人の繋がりが生まれる。電子化の進む今だからこそ、人を繋ぐ本の可能性を願った提案である。

ID36

## 笠井 桜可

福岡大学工学部建築学科B4

Answer 1. Illustrator, Photoshop, Vectorworks
2. 1ヶ月未満　3. 2万円程度　4. 分散型の計画だったので、それぞれの敷地や設計の繋がりを表現しつつ、本のあり方が伝わるように工夫しました。　5. 設計事務所　6. 古谷誠章　7. レモン画翠

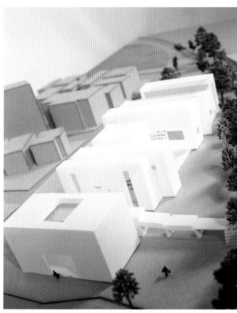

# ボタ山再構築

筑豊地方の産業廃棄物であり産業遺産でもあるボタ山を再構築し、災害危険性の解決と、産業の象徴性を生かした新たな価値を与える計画。ボタ山を崩しつつ、排出された岩石によってボタ山内部に建設廃棄物処理工場と、それによって成り立つ複合施設と住宅地を建設し、市民に開く。存在価値を失い放置されていたボタ山は、地域の廃棄物を吸収しながら呼吸し続けるまちに生まれ変わり、人々に廃棄物問題をなげかける象徴となる。

ID37

## 市原 尚典

九州大学工学部建築学科B4

Answer 1. Illustrator, Photoshop, Rhinoceros, AutoCAD 2. 1ヶ月未満 3. 5万円程度 4. 雰囲気を統一すること 5. 建築関係 6. ガウディ 7. 通販、ホームセンター

Architectural model

Presentation Board

# 窓化する団地

建築設計の専門家だからこそできるランドスケープやエクステリア、インテリア、家具との向き合い方や解釈がないだろうか。内外に跨がる窓を起点に団地の改修を行う。建築デザインに包含される様々な要素を窓の一部として捉え、全ての要素は窓のデザインを引き受けて数珠繋ぎにデザインされ、窓化していく。そして団地全体が窓化し、ランドスケープさえも窓によって表情を変える。

ID38

## 藤本 将弥

東京工業大学大学院環境・社会理工
学院建築学系建築学コースM2

Answer 1. Photoshop, SketchUp, Vectorworks, InDesign 2. 1ヶ月未満 3. 1万円未満 4. テイストの統一 5. 建築家 6. 塚本由晴、環世界 7. 学校

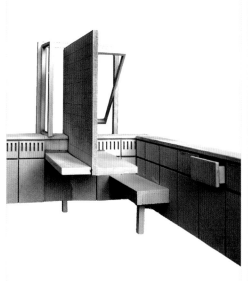
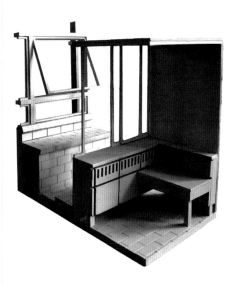

## 窓化する団地

建築設計の専門家だからこそできるランドスケープやエクステリア、インテリア、家具との向き合い方や解釈がないだろうか。内外に跨がる窓を起点に、それらの枠組みを超えて全ての要素を窓の一部として数珠繋ぎにデザインしていき、団地を窓化させる。

A0. 強風と雨でわずかしか開放できない窓。

A1. 雨も風も導く窓に付け替える。

A2. 窓辺が人ではなく、植物たちのための場所になる。

A3. 現れたテラスの近くに人のための場所をつくる。

A4. デザインがキッチンまで拡張し家具が窓化する。

B0. 強風と雨でわずかしか開放できない窓。

B1. 小さな積動回転扉が雨風を遮り緩やかな開放を可能に。

B2. 窓台と同じ高さの家具が別場所を作る。

B3. 家具が機能を変えて内部へ拡張していく。

B4. 個室と廊下の境界をまたいで家具が居場所を作る。

C0. 部屋に対して大きすぎる窓。

C1. 窓を取り外す。

C2 内側に拡張したサッシが部屋と窓を分ける。

C3. 窓の大きさと開放形式に合わせて家具がデザインされる。

C4. 雨を導く窓の周りは小さなテラスのようにふるまう。

ABC0. 雨も雨で窓辺が暮らしの場になっていない。

ABC1. 窓を付け替える事で窓辺が人の居場所になる。

ABC2. 窓が壁面で躍るように開閉し、建物の表情すらも変える。

117

# 創造の積層地 −竜山採石場における芸術の拠点−

日本最古の採石場としてかつて町の発展を支えた竜山採石場。しかしその役割は現代において失われた状態にある。そこで採石場に新たな役割を与えるべく、アーティストインレジデンスの場を提案する。古くからの採石の記憶と新しい芸術の記憶、そしてそこで生活する人と人の繋がりから生まれる記憶が積層されることで、この場所でしか生まれない空間体験をつくり出す。

ID39

## 小池 晃弘
神戸大学工学部建築学科B4

Answer 1. Illustrator, Photoshop, Rhinoceros, Cinema 4D　2. 1ヶ月未満　3. 10万円程度　4. 分かりやすさ　5. ゼネコン　6. アイゼンマン　7. カワチ

Architectural model

Presentation Board

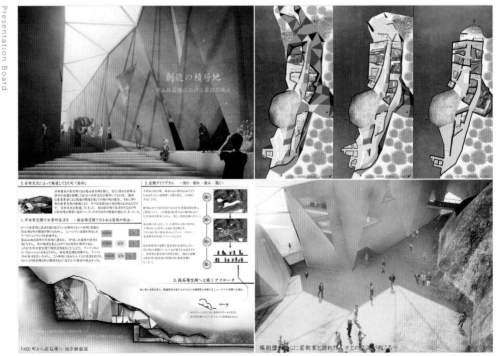

# 長崎市新大工町市場台所化計画
## 〜ゆるく集まる小売市場〜

小売市場の店舗の多くが直線状に配置されているが、もしそれらの店舗が散り散りに配置され通りを崩していたら、人々の活動が店舗の隙間に絡まり、新たな空間体験と日常の滞在場所を創出するのではないだろうか。市場が本来持つ通りの性質が敷地周辺の断絶された「長崎らしさ」を繋ぐと同時に、市場をゆるく集めることで、新大工町の人々の食生活の中枢として機能する建築を提案する。

ID41

### 山口 結莉亜
東京理科大学理工学部建築学科B4

1. Illustrator, Photoshop, AutoCAD　2. 1〜2ヶ月　3. 6万円程度　4. 統一感・簡潔な説明　5. 建築関係　6. 特にはありません。　7. 学校の生協・ネット

Architectural model

Presentation Board

# 顕在化する表面

二次元で完成しきった芸術を三次元に強制延長したときの芸術とはなんなのか。絵画を応用した設計手法及び建築設計の提案。まずピュリスム全絵画を収集し、見え隠れする線を想像で延長しスケッチを行う。次にスケッチ線を平面分節三次元化、モデリングと絵画をそれぞれ分析し、共通の直線、曲線、空間構成を発見した。それをもとに設計を行うと視覚的刺激のある造形を作成でき、不規則な動線、プログラムの連続交差によって、自身は自由な居場所を見つけ出せる。

ID43

## 石原 康輝
千葉工業大学創造工学部建築学科B4

Answer 1. Illustrator, Photoshop, Rhinoceros, Vectorworks, Lumion　2. 5～6ヶ月　3. 15万円程度　4. 簡易図で設計手法を出来るだけ分かりやすくし、パースで建築を理解できるように工夫した　5. アトリエ、ハウスメーカー　6. 隈研吾、平田晃久、芸術における絵画　7. Lemon

Architectural model

Presentation Board

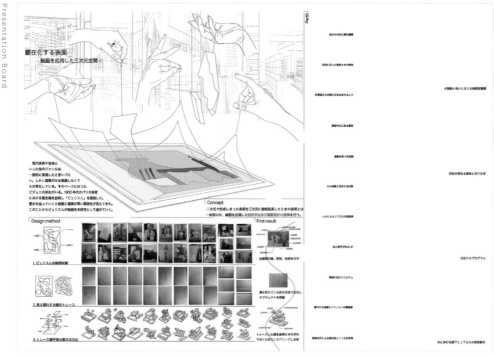

# URBAN NEST

公と私のハイブリッド空間:アーバンネストによる新しいパブリックライフの提案。領域感覚をもたらすことと他者と都市に暮らすことの快楽を兼ね備える空間としてアーバンネストをデザインする。局所空間としてのネストだけでなく、公園全体が1つのネストのような居心地になるよう一体的にランドスケープやパブリックスペース、建物の設計を行い敷地全体が包括的で快然たる居場所となるようデザインする。これは都市で過ごすあらゆる人へ幸せなパブリックライフを届ける提案である。

ID44

平田 颯彦 / 石本 大歩 / 城戸 城吾 / 平松 雅章 / 吳 添蓉

九州大学工学部建築学科B3

Answer 1. Illustrator, Photoshop, Rhinoceros, InDesign, Grasshopper　2. 1ヶ月未満　3. 3万円程度　4. デザインの統一感をもたせつつ、設計が伝わるように心がけたこと　5. 建築設備　6. ヤンゲール　7. ホームセンター、東急ハンズ、山本文房堂

Architectural model

Presentation Board

ID 44

# 狭間に架ける
## ―病気と闘うこどもたちとそれをささえるおとなたちのための建築的提案―

ID45
### 日髙 理紗子
京都工芸繊維大学工芸科学部造形科
学域デザイン・建築学課程B4

Answer 1. Illustrator, Photoshop, Rhinoceros,
ArchiCAD 2. 1ヶ月未満 3. 2万円程度 4. 適度
な余白と読みやすさ/配色 5. 時間が経つのを忘れ
てしまうような仕事 6. William Merrell Voriesの
神戸女学院に込められた設計思想 7. 大学生協

本設計は、病気と闘うこどもたちとそれを支えるおとなたちを取り巻く固定化された環境、そしてその密着しすぎた関係性を打破するための託児を含めた複合施設の提案である。こどもとおとなが互いの心地よい距離感をはかりながら、時に一緒に、時に自由に、自分の生き方を大切にできる空間の実現を目指す。

Architectural model

Presentation Board

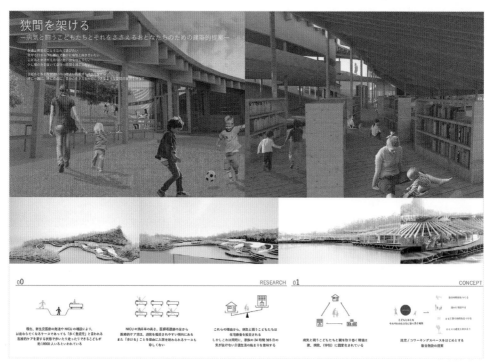

# 解 −マチと共存する明日の小学舎−

学校は周辺環境から切り離された。トップダウン的教育により量産された均質なヒト。敷地にはマチから切り離されるように高いフェンスが建つ。私はこのマチから小学校を取り戻すことが多方向性をもつ教育を産むと考えた。建築、コミュニティ、セキュリティラインの3つを【解く】ことを通じて、小学校はマチに還元されてゆく。小学生は弾力のある社会に個々人の価値観を守られ、マチは今後活躍する未来の原石を守ることができる。

ID46

## 宮澤 哲平
法政大学デザイン工学部建築学科B3

Answer 1. Illustrator, Photoshop, ArchiCAD
2. 1〜2ヶ月　3. 2万円程度　4. シンプルにわかりやすく。　5. 設計者です。　6. 山本理顕さんです。　7. レモン画翠、世界堂

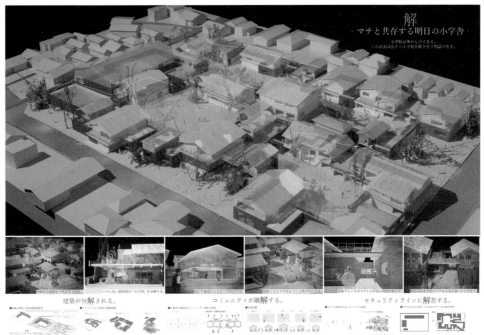

建築が分解される。　　コミュニティが融解する。　　セキュリティラインに解答する。

46

# YUMMUNICATION
## お湯がつくる交流空間

ID47

滝田 兼也

神戸大学工学部建築学科B3

Answer 1. Illustrator, Photoshop, Rhinoceros, Cinema 4D　2. 1ヶ月未満　3. 1万円程度　4. パッと見たときにやりたいことがわかるようにしたこと　5. 住宅の設計　6. ないです　7. カワチ

場所は約3万人の人が利用する駅。この駅では通勤や通学する人が忙しなく動き回り交流があまり無い。そこで地域に馴染みのある温泉を用いてあらゆる世代の人との交流が生まれる空間を提案する。五感を用いてお湯を感じてもらうことでその地域特有の駅となり、駅に人を呼び込む。また建築学科のキャンパスを一体化した駅にすることでお互いに刺激され、新たなアイデアが創出される空間を目指す。

Architectural model

Presentation Board

# 残郷
## －人の響き　風景の響き　建築の響き－

人生は音楽だ　生まれと共に響を生み　成長し他者と関わり合い大きく多彩な響へ変化する　そして、年月を経て小さくも深く重く人生の重みを孕んだ響きとなる　まだ未熟な響きと晩成した響きが共鳴し未熟な響きに重みと深みを枯れていく響きに潤いを与える　そして沈黙へと至る　　これは建築における残響を求める設計である

ID48

## 吉田 航介
近畿大学建築学部建築学科B4

Answer 1. Illustrator, Photoshop, Rhinoceros
2. 1〜2ヶ月　3. 2万円程度　4. 空間や、コンセプトが伝わるようなシートになるように色合いやパースの雰囲気を調整した　5. 公共建築を設計できるところに就きたいです　6. 谷口吉生　7. カワチ

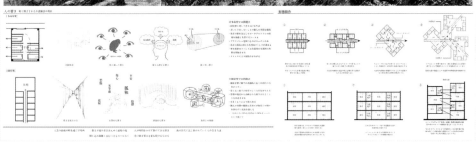

# 芸術都市 〜汚れ方の美学〜

経年変化で黄ばんでしまった壁、床に飛び散ってしまう絵具。これらは一般的にいいものとはされず、大抵は汚れとして掃除される。賃貸アパートももちろん例外ではなく、芸術学生の制作を阻んでいる。しかしそれらは本当に全て消してしまっていいのだろうか。そこに価値はないのだろうか。私は「汚れることを前提とした芸術学生向けの集合住宅」を設計し、彼らが伸び伸びと描ける場を創造する。汚すって、描くって、素晴らしい!

ID49

### 柴田 智帆

九州産業大学建築都市工学部
住居インテリア学科B2

Answer 1. Illustrator, SketchUp  2. 1ヶ月未満  3. 2万円程度  4. メインの断面パースで出来るだけ空間を伝えることです。また説明の部分もできるだけ図式化して直感的に伝わるように意識しました。  5. 建築設計の仕事をしたいです。  6. ユハ・レイヴィスカのマンニスト教会を見てこんなに美しい空間がつくれるのかと感動し建築の分野にきました。特定の人や作品ではないですが、高校の時に芸術分野を学んでいた時に感じたことや言葉、経験が今に繋がっているように思えます。  7. 大学の売店

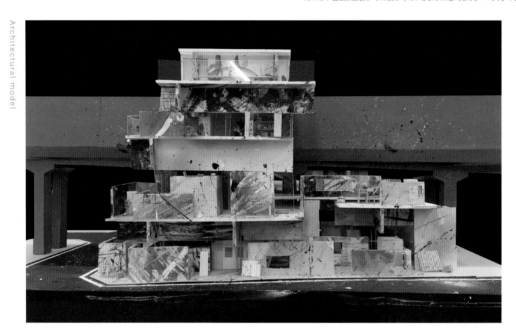

Architectural model

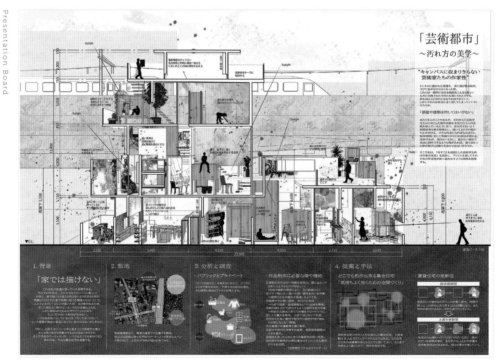

Presentation Board

# 小さな隙間、大きな隙間

メスキータという一人のアーティストのためにつくられたメモリアルアーカイブ。それは公園に開かれ、みんなの集まる場となり、象徴的な造形美を持つ。一見して引かれるこの形は、メスキータの画風から生まれたものである。また、国立新美術館のアネックスも兼ねることで、国立新美術館と青山公園を繋ぐきっかけとなり、公園に活気が増えると共に、必然的に多種多様な人々の交流が生まれる。そんな新しい公園の居場所を創造した。

ID50

## 関川 竜宇司
法政大学デザイン工学部建築学科B2

Answer 1. Illustrator, Photoshop　2. 1〜2ヶ月　3. 1万円程度　4. 目を惹くほどのパンチある一枚絵で、その作品を最も表しているが、全体像を想像させるようで完全にはわかりづらい、そんな絵を用いることで、人に自然と起きる「気になる」という感情を起こさせることを意識した。　5. 大林組の設計課　6. 学校の先輩や、洋服と建築の関係性の考え方　7. レモン画翠、世界堂、ホームセンター

Architectural model

Presentation Board

**DIAGRAM**

壁の接合部は暗くなり、私たちに輪郭を感じさせる

壁を離すと光が入り、輪郭は緩和されたしかし、まだ壁の重みを感じる

先の壁の端部を見せないことでなめらかに輪郭を作らず、曲がるときには次の壁を意識する

壁を曲線にすることにより、すべての壁の端部を見せず、輪郭を感じさせない内部空間を創造した

# Mobilivity -Mobility+Live+City-

30年後に、8000人のための1つの住宅を設計する。2050年、自動運転が浸透し、機能を持った自動運転車が家に来て、家ですべての用事が済む世界。単身世帯で孤立し、無縁化していく人々。そのような未来に、自動運転による「集まる」建築を提案する。自動運転は人の移動距離を広げ、家としてのテリトリーを広げる。広くなった家の機能をまちの機能に置き換えることで、スケールに対応した新たな住宅の型が生まれる。その新たな型を、モビリビティと名付ける。

ID51

## 梅原 きよみ
神戸大学工学部建築学科B4

Answer 1. Illustrator, Photoshop, Rhinoceros
2. 1ヶ月未満 3. 6万円程度 4. グリッドレイアウトと、省スペースでなるべく多く伝えられるような配置にこだわりました。 5. 具体的には考えていませんが、建築にかかわる仕事がしたいです。 6. 山本理顕さんの地域社会圏主義 7. レモン画翠、カワチなど

Architectural model

Presentation Board

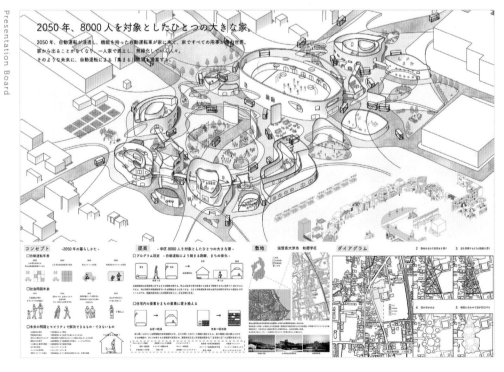

# 小さな環境
## －風景のリノベーションにおける用水と人の新たな関わり方－

ID52
### 宮下 幸大
金沢工業大学環境・建築学部
建築デザイン学科B4

Answer 1. Illustrator, Photoshop, SketchUp, 手描き 2. 2〜3ヶ月 3. 20万円程度 4. ひたすら描き続けること 5. 建築家 6. ゲニウス・ロキ 7. 学内ブックセンター

私達は、この大きな世界でごく身近な環境を見なくなった。その結果、街から植物や動物が消えた。これからの建築家はどんなに小さく些細なことでも、人々に身近な小さな環境を気付かせることが大事だと思った。今回は石川県金沢市に広がる用水網に着目し、3つの計画から人々に用水の魅力を伝え、用水と関係を持った新たな街並みが金沢市に広がることを最終目標とする。小さな環境で街が埋め尽くされ、建築が消えていく未来を想像する。

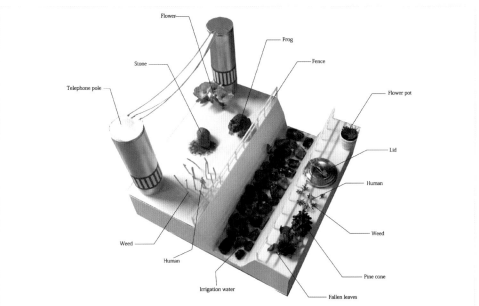

Architectural model

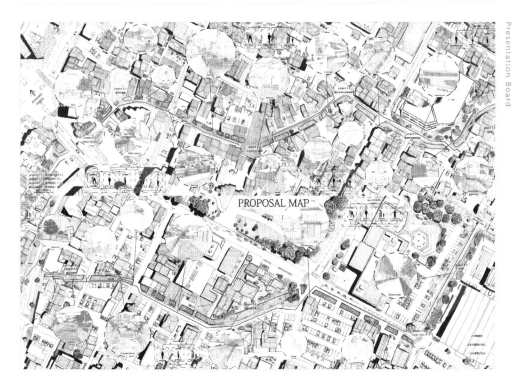

PROPOSAL MAP

Presentation Board

# 映画館と地域の叙事詩
## －地方都市における映画館の再編を核とした商店街の活性化－

ID54

**竹内 正彦**
信州大学工学部建築学科B4

Answer 1. Illustrator, Photoshop, SketchUp, ArchiCAD, InDesign, Cinema 4D 2. 1ヶ月未満 3. 5万円程度 4. わかりやすさと色味 5. 今ではつくれないような意匠を持つ建築の改修 6. 尾上亮介 7. ネット

地方都市における映画館の可能性を引き出す。かつての映画館は商店街の一角に建てられ地域の文化を豊かにしてきた。その経緯から映画館と地域の歴史的文脈を手掛かりに改修方法を導く。地域の文化を育む場として親しまれてきた映画館の特性を生かし文化施設の複合体として再編することで観光客と地元住民の間にゆるやかなつながりを生み出す。商店街の活性化を牽引する新しい映画館の提案は地方都市における映画館改修の指針となる。

Architectural model

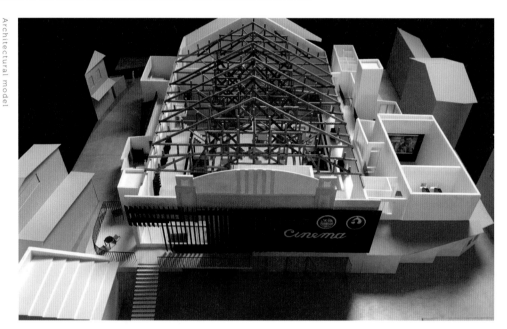

Presentation Board

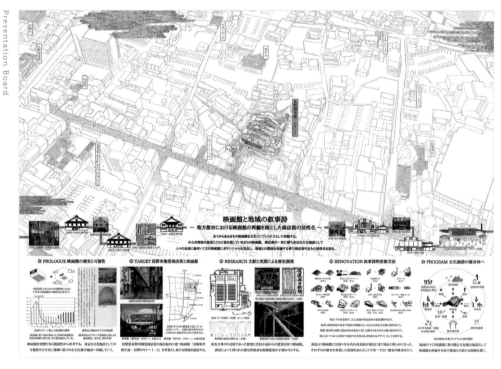

# 住み継ぎ

福島県奥会津地域の限界集落。高齢化・空き家化が進むこの集落に対し『住み継ぎ』という手法で20年間の維持を試みる。既存住宅のリノベーションにより、住みながら荷物を整理し空いた部屋を順次開いて行くことで、家主が亡くなった後円滑に次の住み手に受け継がれるプロセスを提案する。加えて荷物の受け皿となる倉庫群を新築し、この地域に受け継がれてきた文化の延長上に位置づけ暮らしの中で活用しながら次世代に継いでいく。

ID56

## 西田 静

東京大学工学部建築学科B4

Answer 1. Illustrator, Photoshop, Rhinoceros, InDesign 2. 1ヶ月未満 3. 5万円程度 4. 提案内容が『住み継ぎ』のシステムを重視するものだったので、住み継ぎのダイアグラムが主となるように工夫した 5. 設計職 6. 連勇太朗 7. レモン画翠

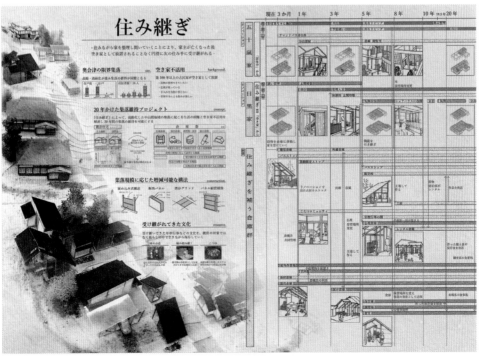

# TOKIWA計画

首都高地下化や再開発といった長期的な都市計画により、今後20年にわたって「工事中」となる常盤橋。本提案では、仮設物の残置・再利用など、工事プロセスから副次的に建築を構築することで、都市計画が想定していなかった「変化」に対応する。工事の副産物としての建築が、閉鎖的な従来型都市計画を改造し、都市の「変化」と「活動」の共存を図る。これは、常に変化し続ける都市の"永久"計画である。

ID57

## 丹羽 達也
東京大学工学部建築学科B4

Answer 1. Illustrator, Photoshop, Rhinoceros, InDesign　2. 1ヶ月未満　3. 4万円程度　4. 全体のレイアウト自体に意味を持たせることで、計画の全体像が理解しやすくなるのではないかと考えている。5. 研究職　6. Kevin Lynch、Cedric Price、磯崎新　7. ホームセンター

Architectural model

Presentation Board

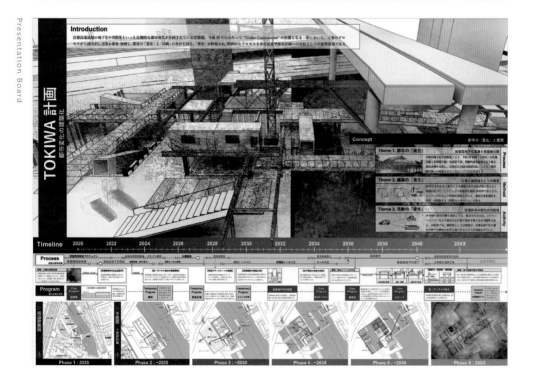

# Qualifying participation work

予選参加作品紹介

# 瞑想迷路、自室自習室

Entry ID002 **園部 裕子**

名古屋工業大学工学部社会工学科B3

# 再編し、集約する

Entry ID003 **西田 仁誠**

九州大学工学部建築学科B4

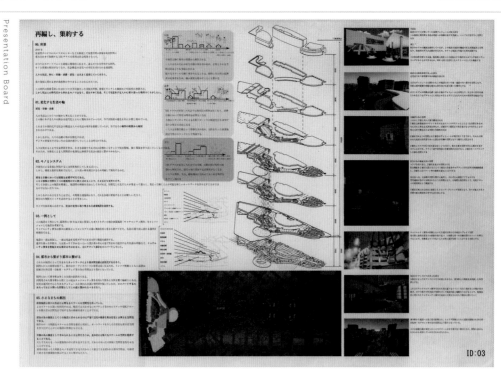

# 稲美の情景
## 〜ため池密集地域の農業拠点再考〜

Entry ID004 村上 翔哉
山口大学工学部感性デザイン工学科B4

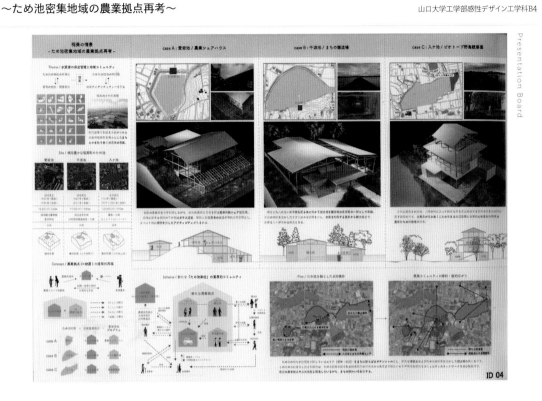

# 道すがらに出会い、安らぎを

Entry ID005 三谷 啓人
近畿大学工学部建築学科B3

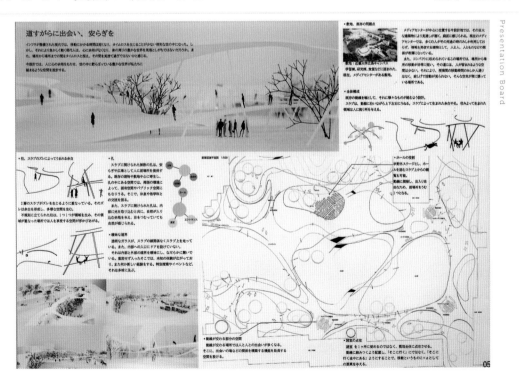

# 子どもと育つ街

Entry ID006 **藤井 みのり**
山口大学工学部感性デザイン工学科B4

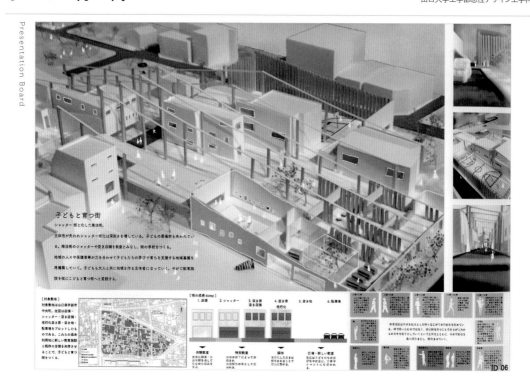

# 都市更新の鞆の浦解
### モビリティを用いた建築・都市・人の再構成

Entry ID007 **川東 廉**
山口大学工学部感性デザイン工学科B4

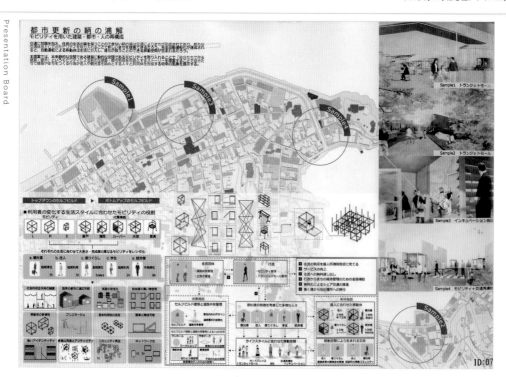

# 帯 ～ズレとスキマが生み出すつながり～

Entry ID012 **山本 理央**
立命館大学理工学部建築都市デザイン学科B3

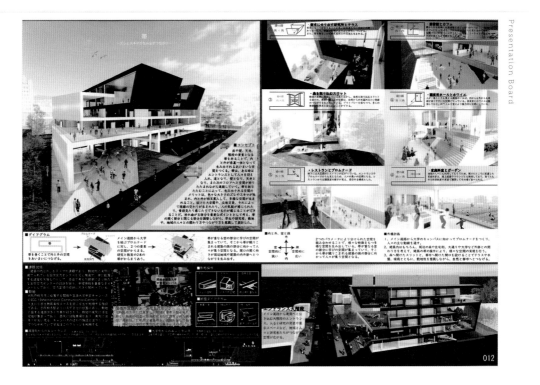

# 都市の再構築

Entry ID013 **中田 洋誠**
立命館大学理工学部建築都市デザイン学科B3

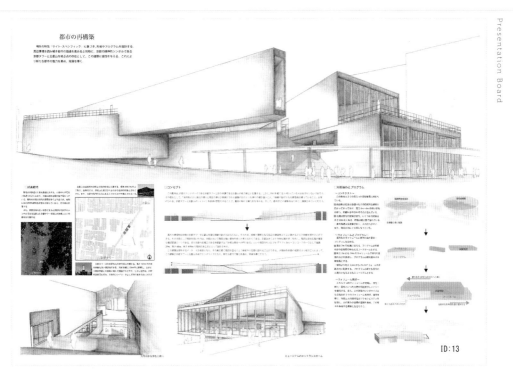

# 道の駅 mine

Entry ID014　山口 弥桜
熊本県立大学環境共生学部居住環境学科B3

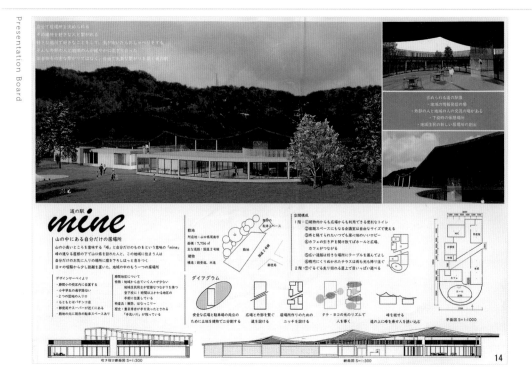

# 石蔵 発掘する瀬戸内

Entry ID015　林 恭平
広島大学工学部第四類B4

# 近代宗教建築のリノベーション
## ～出雲大社庁の舎の改修と増築～

Entry ID017 日野 友太

九州大学工学部建築学科B4

### 模型写真

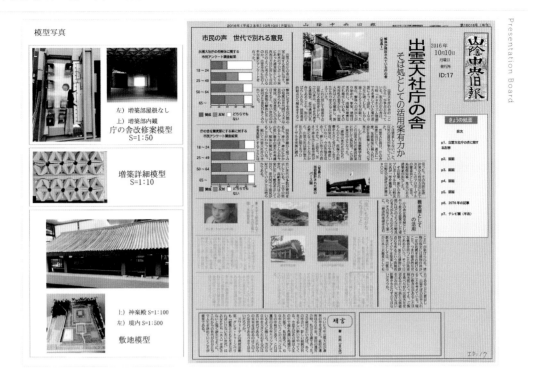

左）増築部屋根なし
上）増築部内観
庁の舎改修案模型
S=1:50

増築詳細模型
S=1:10

上）神楽殿 S=1:100
左）境内 S=1:500

敷地模型

---

# 竹藪再考計画

Entry ID019 田原 一成

西日本工業大学デザイン学部建築学科B3

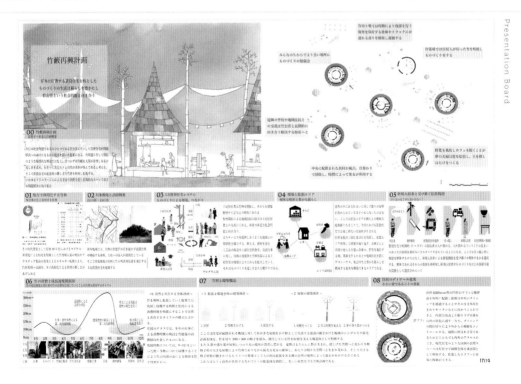

# はたらく旅館　カイヨウカン

Entry ID020　**平見 康弘**
近畿大学大学院産業理工学研究科産業理工学専攻M1

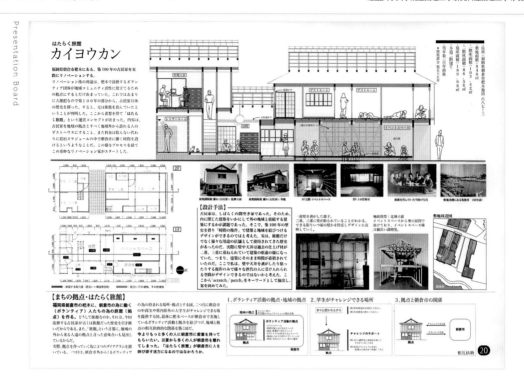

# 高架下広場

Entry ID021　**長野 太一**
九州産業大学建築都市工学部建築学科B3

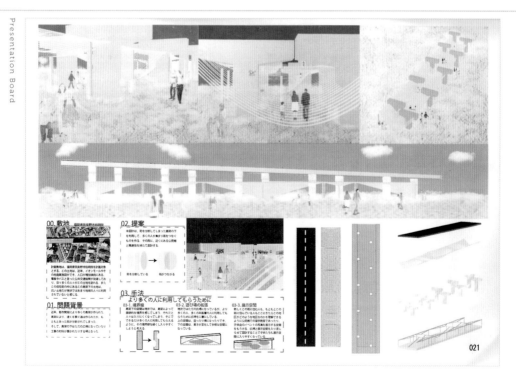

## 巡歴 －百舌鳥古墳群を紡ぐ交流拠点の提案－

Entry ID023 藤井 郷
神戸大学工学部建築学科B4

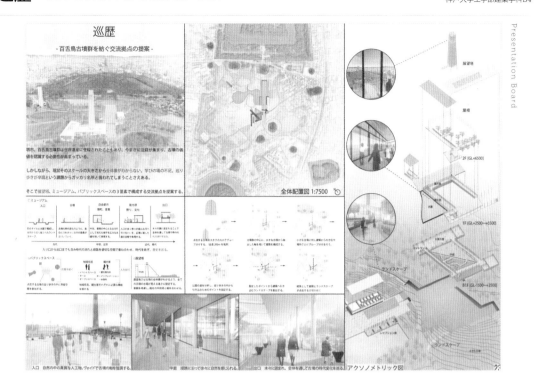

## 刻の昇華 －広島旧陸軍遺構における平和拠点の創出－

Entry ID024 楠橋 請ノ助
神戸大学工学部建築学科B4

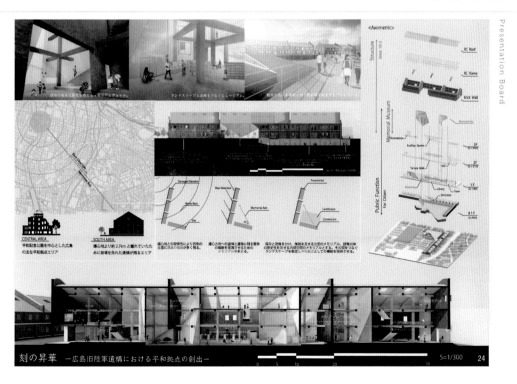

# 広狭空間のHeterophony
－偶発性を計画し未来社会を奏でる－

Entry ID026 **鷲岡 賢司**

大阪市立大学大学院工学研究科都市系専攻M1

# カイコ

Entry ID028 **赤嶺 圭亮**

大阪大学工学部地球総合工学科B3

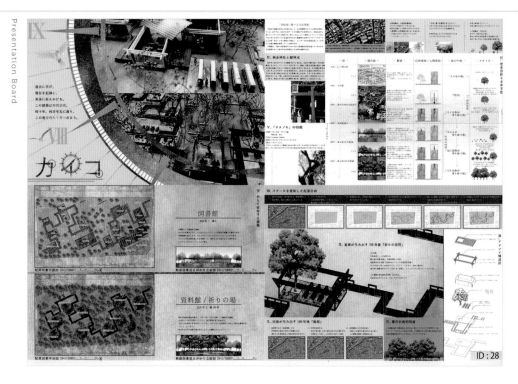

# Mô hình hẻm -alley pattern-

Entry ID030 林 克彦
福岡大学工学部建築学科B4

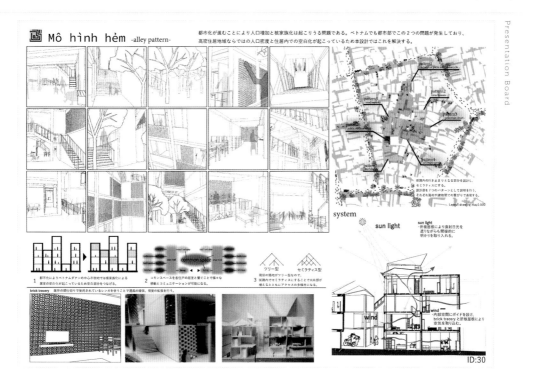

# 交差する寄り路
～紡・老・地域が日常的に関わり合える施設形態の提案～

Entry ID031 西岡 里美
立命館大学理工学部建築都市デザイン学科B3

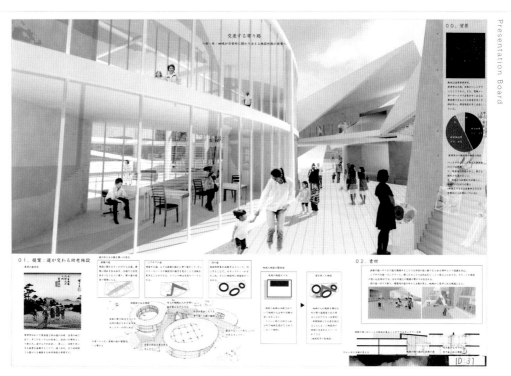

# この風景をいつまでも
－斜面地に暮らすライトスケープの提案－

Entry ID032 **石橋 淳史**
麻生建築&デザイン専門学校建築工学科B3

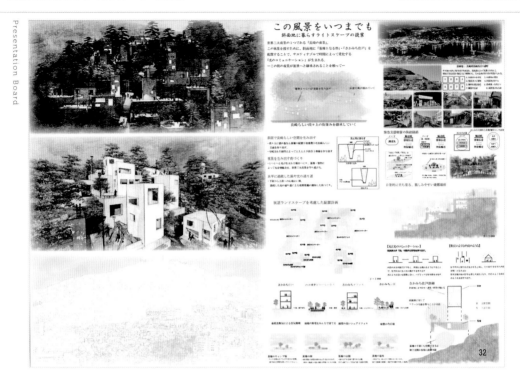

# Overlap Transmission　－光と人が重なる余白空間－

Entry ID035 **藤谷 優太**
神戸大学工学部建築学科B3

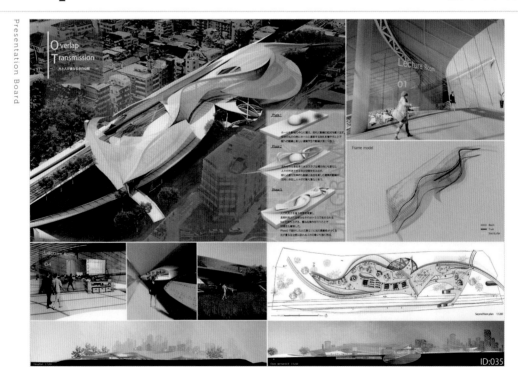

# 公園の中に

Entry ID036 廣中 裕次
九州大学工学部建築学科B4

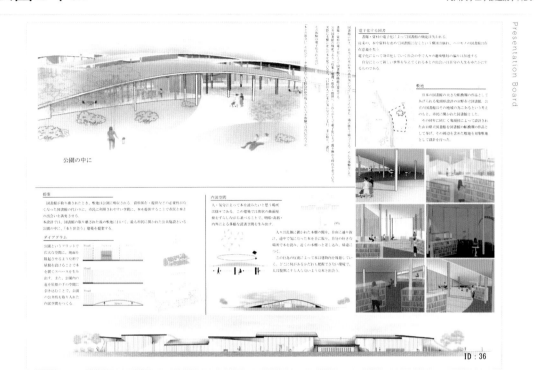

公園の中に

ID : 36

# cross stream -architecture school × staition-

Entry ID040 篠山 航大
神戸大学工学部建築学科B3

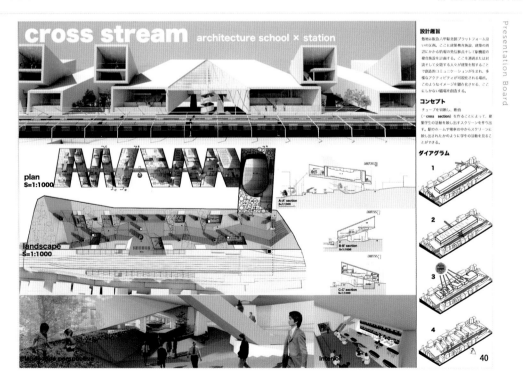

# ひとつの屋根の下で

Entry ID041　柴田　貴美子

神戸大学工学部建築学科B3

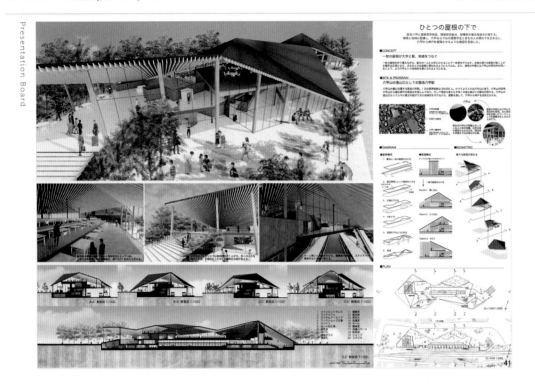

# 里山文化を中心とした地域コミュニティの再編
－東京大都市近郊の里山風景の再考と再生可能エネルギーのコラボレーション－

Entry ID042　中谷　壮吾

山口大学工学部感性デザイン工学科B4

# 美術館を耕す
－建築のエレメントと壁画のキャンバスの再解釈－

Entry ID044 **今津 俊佑**
法政大学デザイン工学部建築学科B2

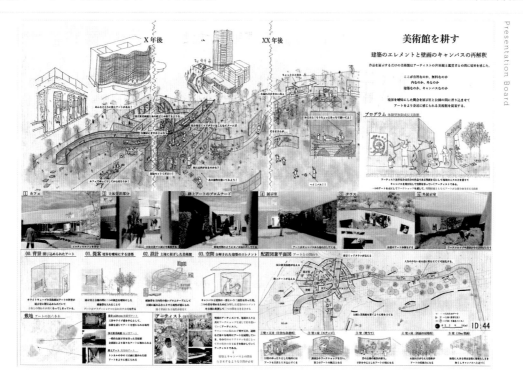

# ハガス、巻き込む

Entry ID046 **飯島 康平**
立命館大学理工学部建築都市デザイン学科B3

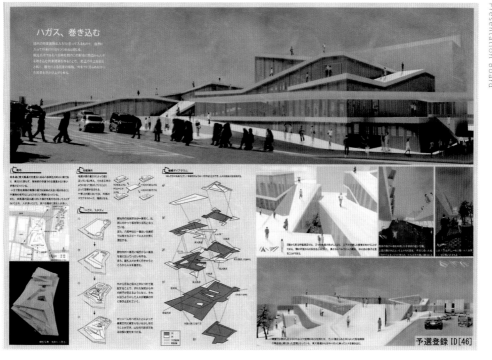

# 福島をこえて

Entry ID047 歌川 喜子

千葉工業大学創造工学部建築学科B4

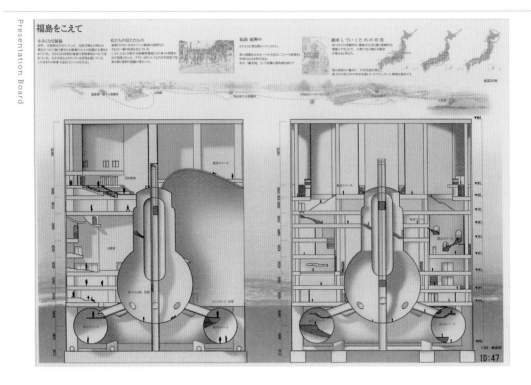

# visible campus
〜可視化される個々の学びと共創空間〜

Entry ID049 田上 源士

名古屋工業大学創造工学教育課程B3

# まちを貫く憩いの隙間

Entry ID050　竹内　渉

名古屋工業大学工学部社会工学科B3

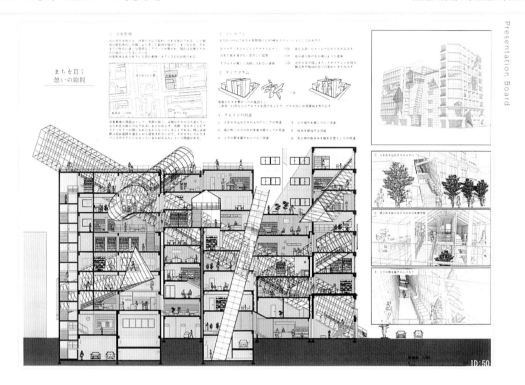

# 夜叉ケ池継承舞台

Entry ID052　久保　響子

名城大学理工学部建築学科B4

# さみしがりやの学校たち

Entry ID062　遠山 大輝
法政大学デザイン工学部建築学科B3

# 落ちるかけら、浮き出るかけら
－ひとりのアーティストのためのメモリアルアーカイブス－

Entry ID064　木嶋 真子
法政大学デザイン工学部建築学科B2

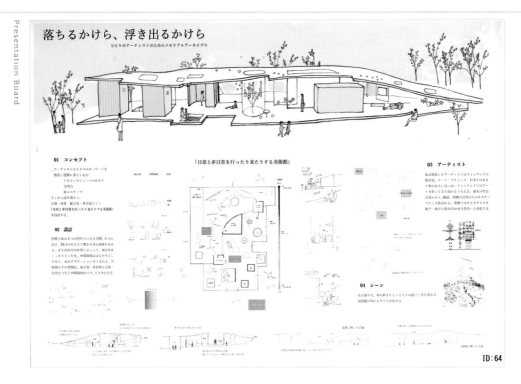

# 織り、繕う。

Presentation Board

# 自然に呼応する

Presentation Board

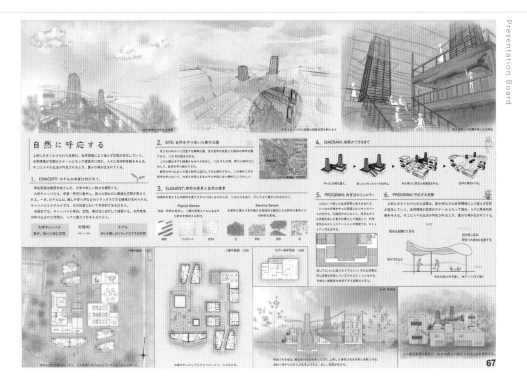

# KAMAKULIGRT 雪国に灯るあかりの新しいかたち

Entry ID068 谷口 水樹
九州大学工学部建築学科B4

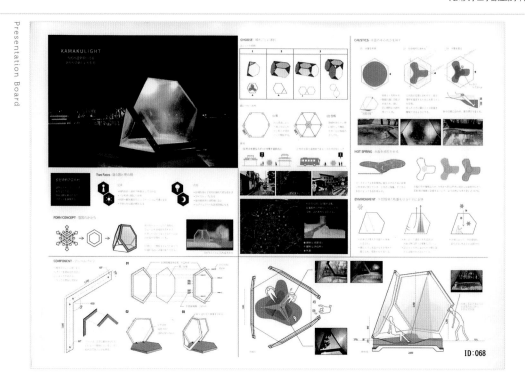

# 伊都歴史博物ホテル ～波の衝突とその先～

Entry ID069 嶋村 侃士
北九州市立大学国際環境工学部建築デザイン学科B4

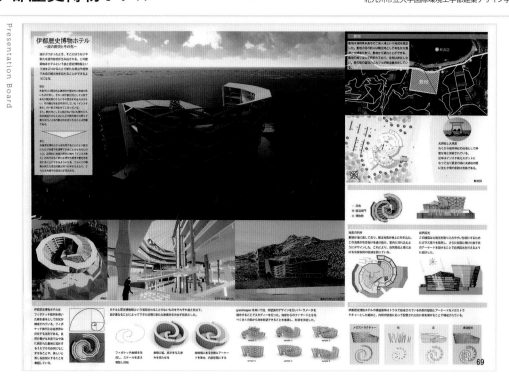

# R of Great Professor −賢者の住む森−

Entry ID071 **堀内 智壮**

北九州市立大学国際環境工学部建築デザイン学科B4

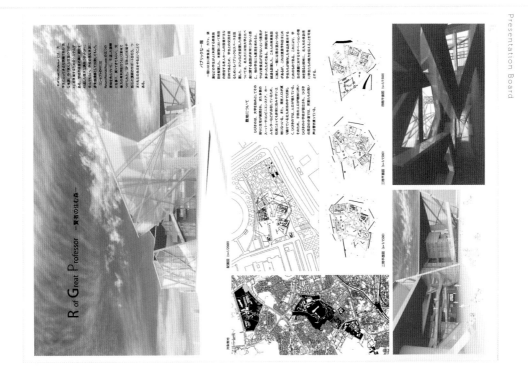

# こころの詩 −今日の居場所の模索−

Entry ID072 **福島 早瑛**

崇城大学工学部建築学科B4

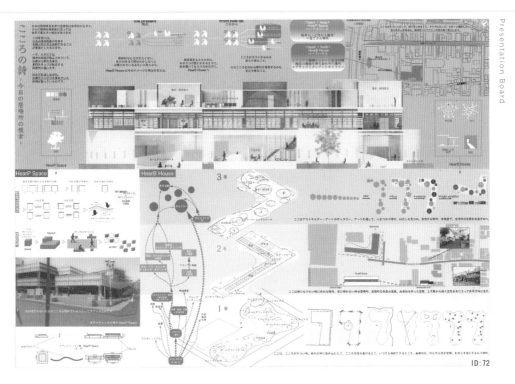

ID:72

# 隙と交差点 −変わりゆく下北沢にさらなる上書きの提案−

Entry ID073 **楠野 達朗**

東京理科大学理工学部建築学科B4

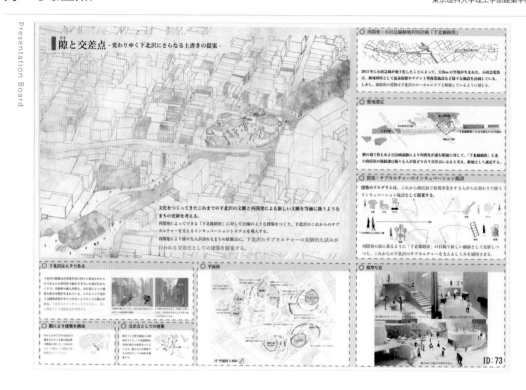

# 地史邂逅 −治水の歴史とともにある日常空間の提案−

Entry ID074 **杉岡 燎**

九州大学工学部建築学科B4

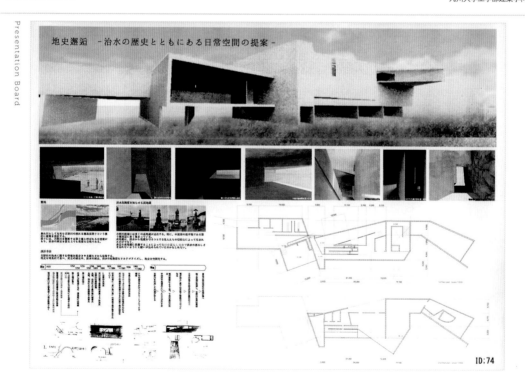

# まちに蘇る一本の線

Entry ID075 **境井 美恵**
九州大学工学部建築学科B4

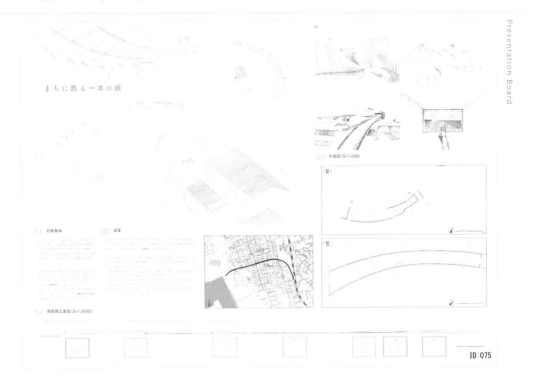

ID:075

# 都市のヨリシロ
−三宮における行為に寄り添う拠り所となる創造の場−

Entry ID078 **藤原 比呂**
神戸大学工学部建築学科B4

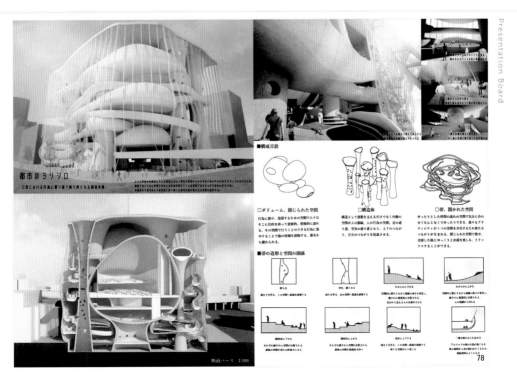

78

# あるき ワタリ まち カケル
## −熱田地域交流センターの提案−

Entry ID080　百合草 美玲

名古屋工業大学工学部社会工学科B4

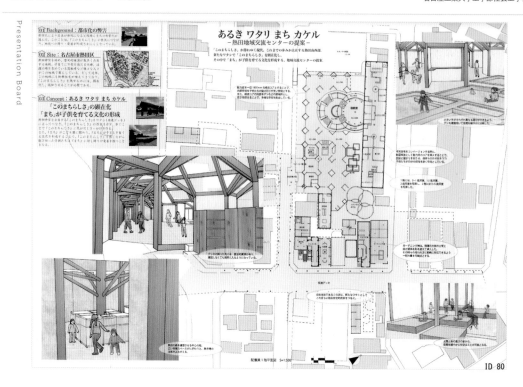

# 文化を結う

Entry ID083　高橋 涼太

千葉大学工学部都市環境システム学科B4

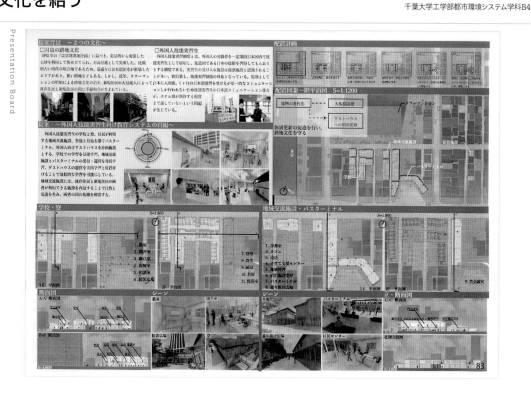

# 30Y BUILDING －首都高記念　建築/解体－

Entry ID084　**前田兼司**
千葉大学工学部都市環境システム学科B4

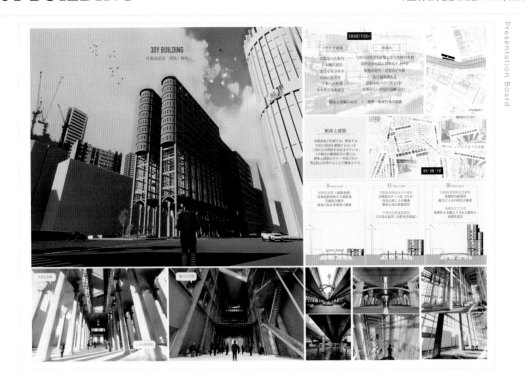

# 集い、とけこみ会う。

Entry ID090　**手柴 智佳**
佐賀大学理工学部都市工学科B3

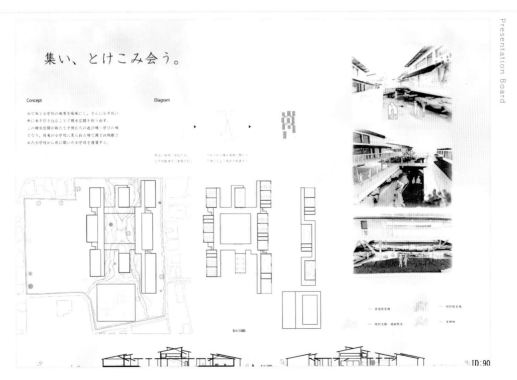

# Nuvole Fukuoka

Entry ID091 末松 葵
北九州市立大学国際環境工学部建築デザイン学科B4

# 入会のテリトーリオ
## 離島文化に見立てた野島の Re Creation Center

Entry ID094 有冨 魁
日本文理大学工学部建築学科B4

# タマリバ −緑地帯と埋立地を編む−

Entry ID095　中西 涼太

日本文理大学工学部建築学科B4

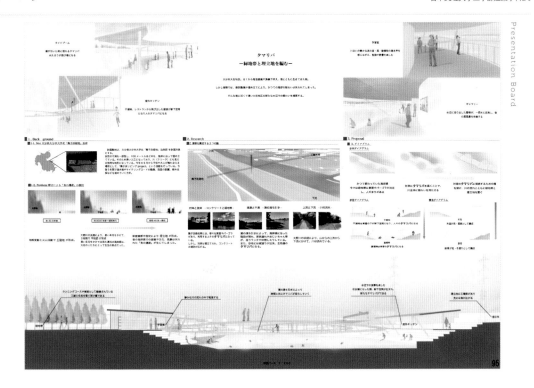

# 木に育つ −曲面壁による居場所の創出−

Entry ID097　安藤 尚哉

芝浦工業大学建築学部建築学科B2

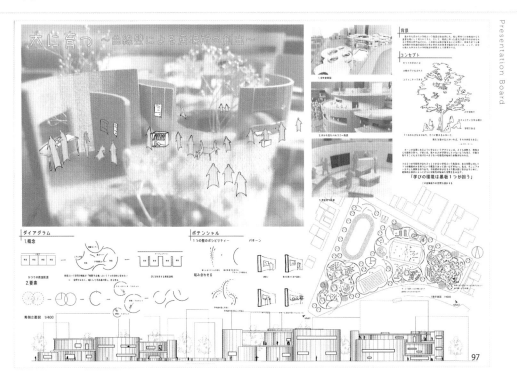

# periscope
−ガウディの見た世界 −サグラダファミリアのためのパビリオン− −

Entry ID098　吉武 洋輔
大阪工業大学工学部建築学科B3

# The beginning of a new journey

Entry ID099　小原 可南子
九州大学工学部建築学科B2

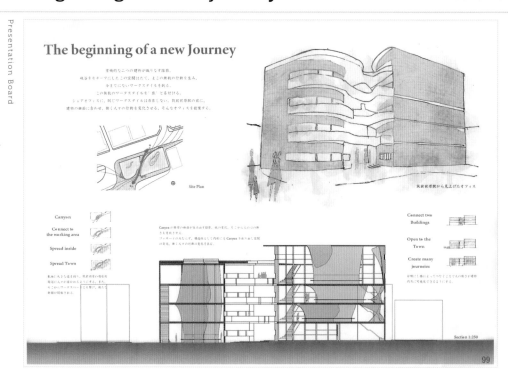

# 私たちで埋まる街

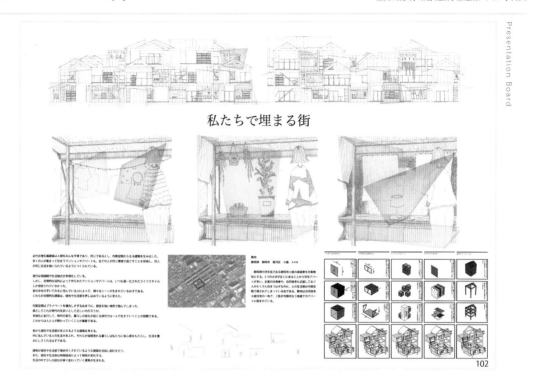

102

# Art Hacking Complex

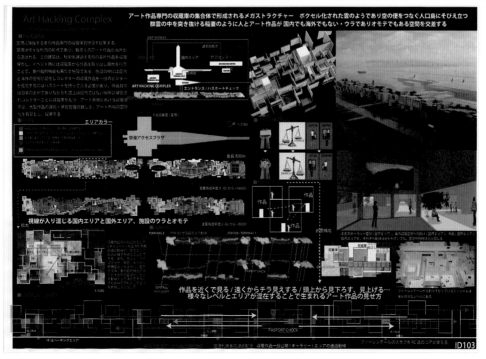

ID103

# たべる公園 −環境教育型こども食堂の提案−

Entry ID104 谷口 浩都

神戸大学工学部建築学科B4

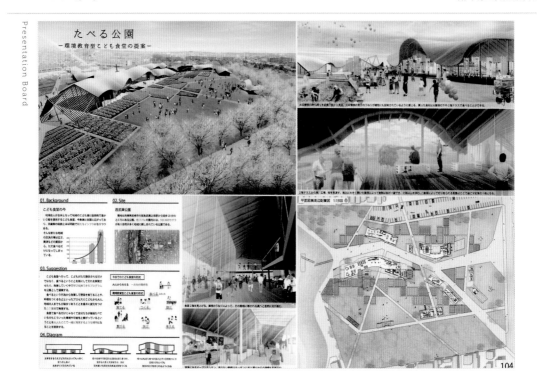

# 砂丘奉拝

Entry ID105 森井 大睦

九州大学芸術工学部環境設計学科B4

# TRAINGLE

Entry ID107　入江 翔太郎

北九州市立大学国際環境工学部建築デザイン学科B4

# mARkeT

Entry ID109　川口 真輝

熊本県立大学環境共生学部居住環境学科B4

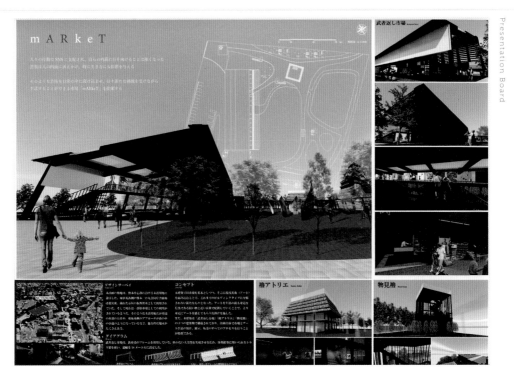

# 水の景

Entry ID110 永野 晃大

熊本県立大学環境共生学部居住環境学科B4

Presentation Board

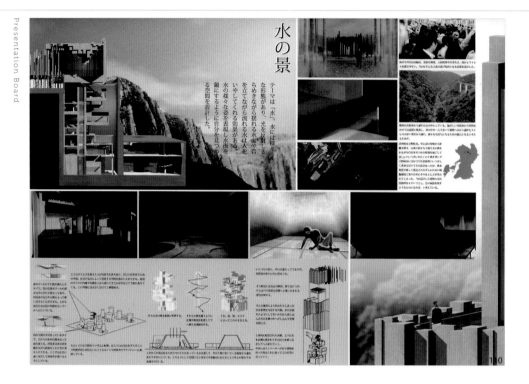

# 動つなぐ静

Entry ID112 佐井 園乃香

福岡大学工学部建築学科B4

Presentation Board

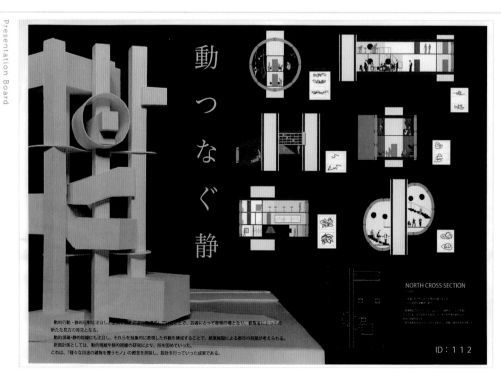

# ハレの日の船出

Entry ID114 **飯塚 真希子**

武庫川女子大学生活環境学部建築学科B4

# ウラオモテ

Entry ID117 **飯田 夢**

法政大学デザイン工学部建築学科B2

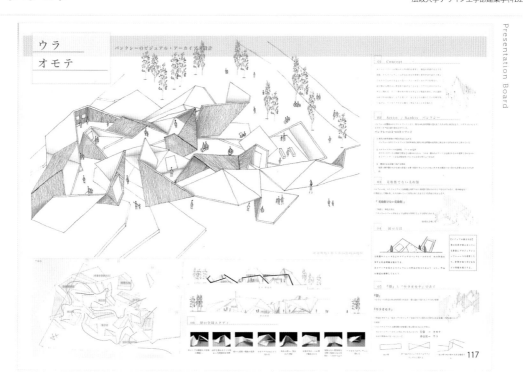

117

# もうひとつのしま －せとうちに浮かぶ美術館－

Entry ID118　土屋 洸介

大阪工業大学工学部空間デザイン学科B4

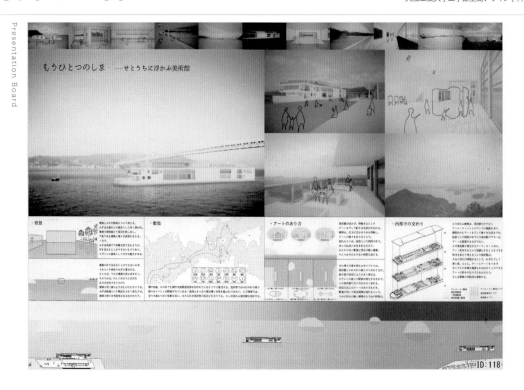

# 建築の森

Entry ID120　鈴木 音々

名古屋工業大学工学部社会工学科B2

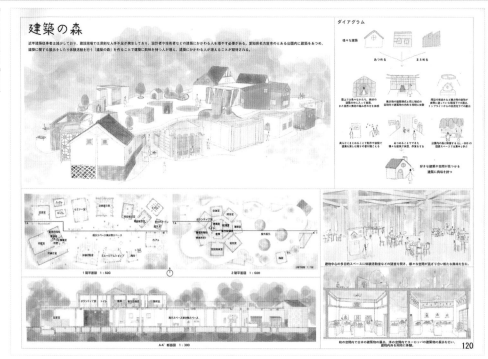

# わらわら2 ～異なるスケール空間の混在による新たなパブリック空間の創造～
## ～高架下空間の建築的提案～

Entry ID121　永友 裕子

近畿大学大学院産業理工学研究科産業理工学専攻M2

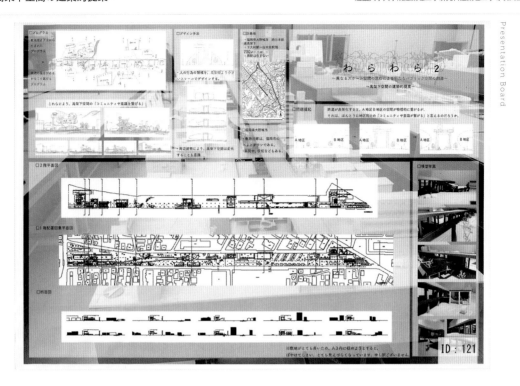

# 「ひとり」
## ～居合わせた人々の関係性に着目した滞留空間による都市のリノベーション～

Entry ID122　山本 祥平

東京理科大学理工学部建築学科B4

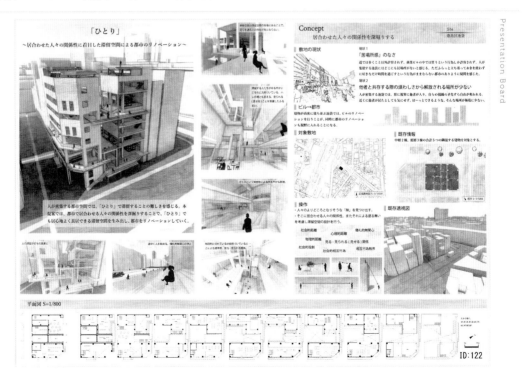

# Refugio Libertad

## Ruiz Fierro Wendy
日本文理大学大学院工学研究科環境情報学専攻M1

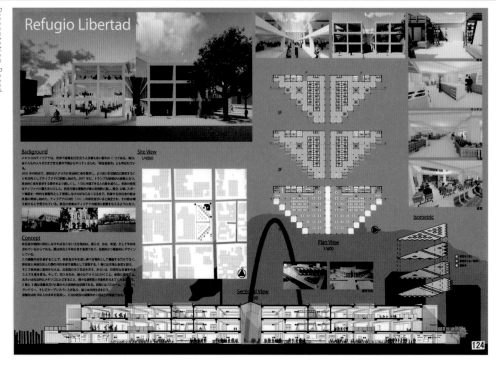

# 子供の為の幼稚園

Entry ID126

## 永田 智陽
九州産業大学建築都市工学部建築学科B3

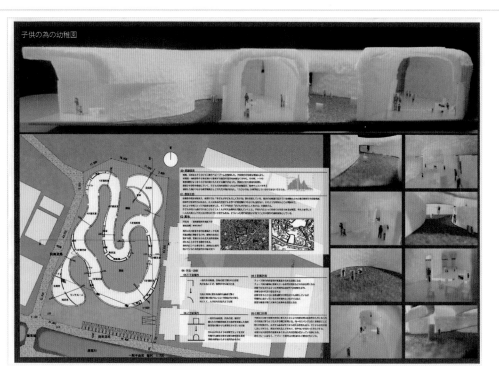

# あたりまえの個性 －それぞれが選ぶ住空間－

Entry ID128 池田 友彦
近畿大学工学部建築学科B4

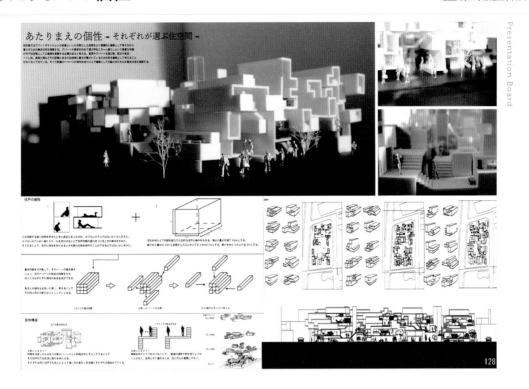

# 成長の段階 －子どもの成長段階で利用地域が変わる図書館－

Entry ID129 野満 勝
九州大学芸術工学部環境設計学科B4

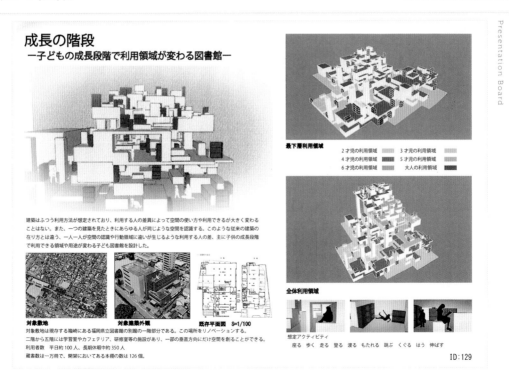

# Biophilic City

Entry ID134 森 暉理

武庫川女子大学生活環境学部建築学科B3

Presentation Board

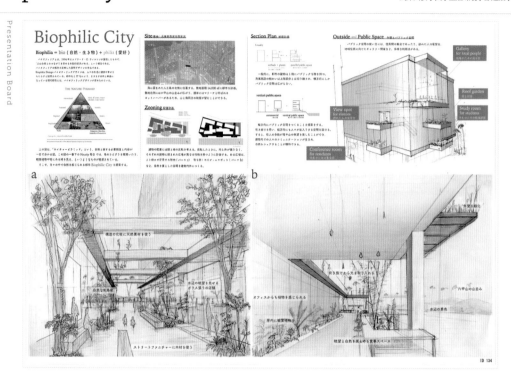

# 念い －地図の記録　心の記憶－

Entry ID137 長野 永太郎

日本文理大学工学部建築学科B4

Presentation Board

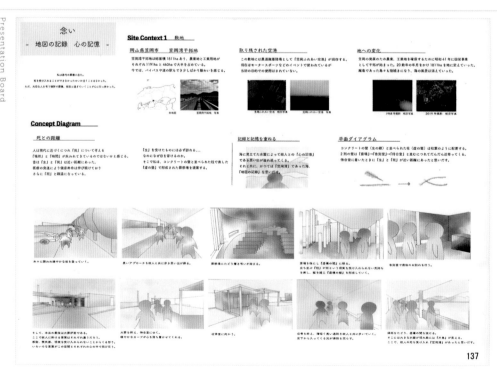

# 丘カラ空ヲ。

Entry ID138 **佐藤 允哉**

滋賀県立大学環境科学部環境建築デザイン学科B4

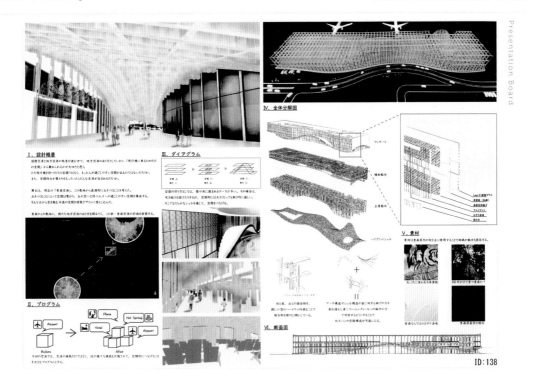

ID:138

# 食育から始まる輪
## −学生用アパートの空室を利用したシェアキッチン−

Entry ID139 **齋藤 香奈**

信州大学工学部建築学科B4

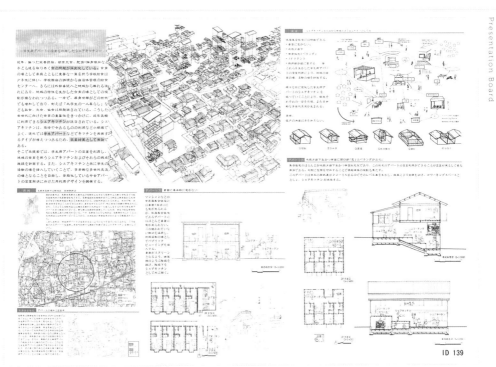

ID 139

# あつまる、まじわる、つながる
## ～厚狭駅とパブリックスペースの計画～

Entry ID141　熊本 彩乃

近畿大学産業理工学部建築・デザイン学科B4

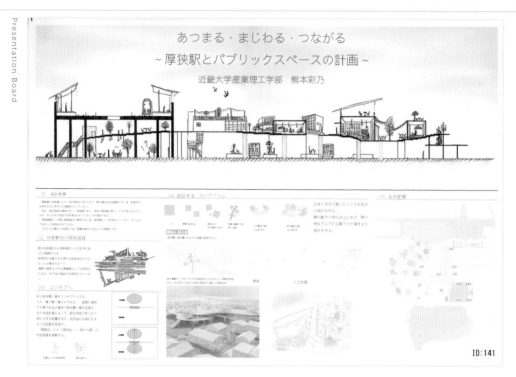

# あじさいみまもるこうえん

Entry ID142　中島 菜沙

九州大学芸術工学部環境設計学科B4

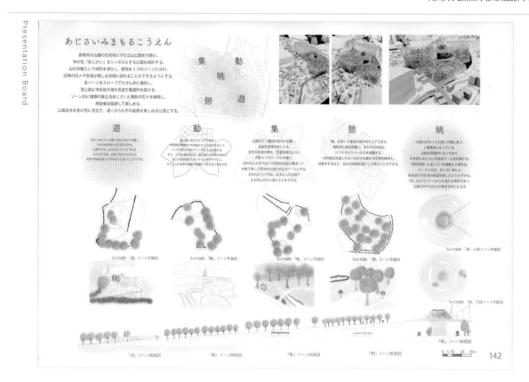

# ぼんやりする都市 〜反転性を用いた建築の提案〜

Entry ID143 **日暮 裕哉**
千葉工業大学創造工学部建築学科B4

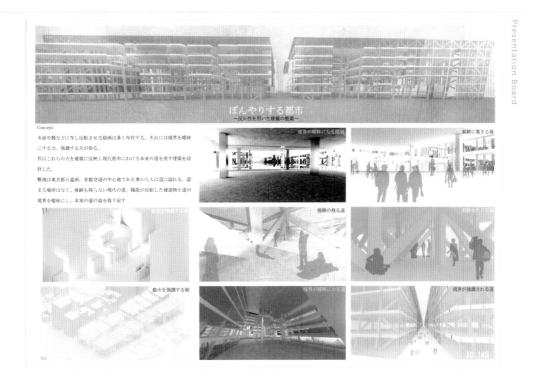

# 針と球 −レシプロカルな球型高層建築−

Entry ID144 **吉田 壮平**
武蔵野大学工学部建築デザイン学科B4

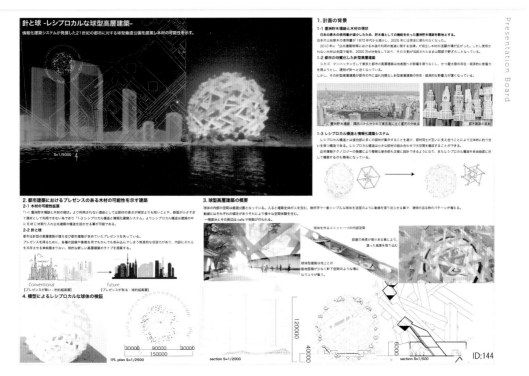

# 発酵と寄生と増殖と ～凋落する大阪駅前ビルの更新計画～

Entry ID151 **嶋田 陸**
大阪工業大学工学部空間デザイン学科B4

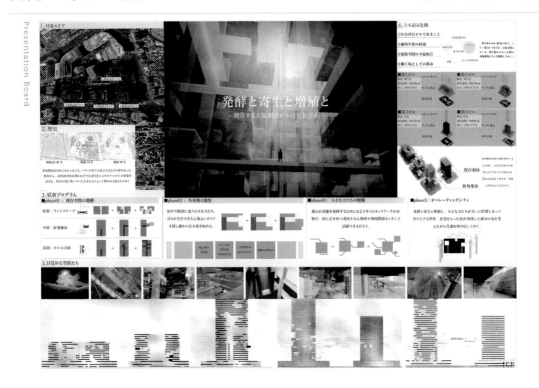

# 瀬戸内の種護舎
－種子銀行を主とした種を保全・継承していく建築の提案－

Entry ID152 **白石 尚也**
九州大学工学部建築学科B4

# かくす建築

Entry ID153 堂ノ下 和希

千葉工業大学創造工学部建築学科B4

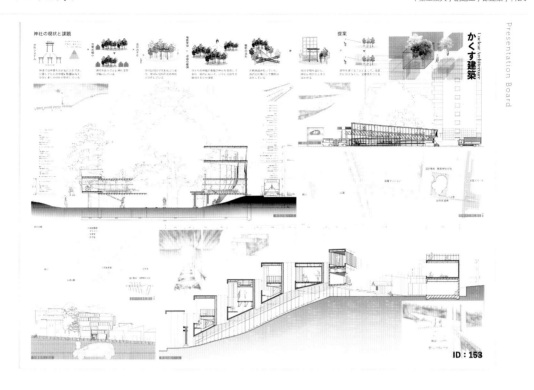

# Revival Town −集落的構造による天理市まちなか拠点の創出−

Entry ID156 吉川 文乃

神戸大学工学部建築学科B4

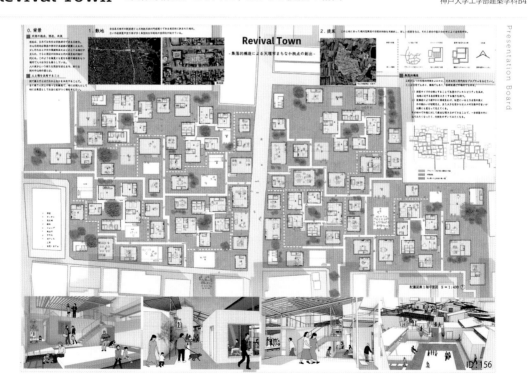

# 都市空間の継承と再編

Entry ID158 　金原　武尊

九州大学工学部建築学科B3

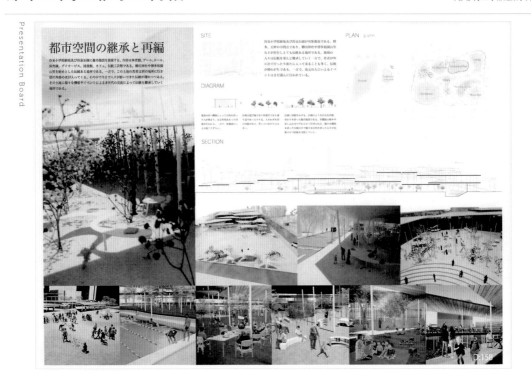

# へやとまちの間

Entry ID159 　中川　香怜

早稲田大学創造理工学部建築学科B4

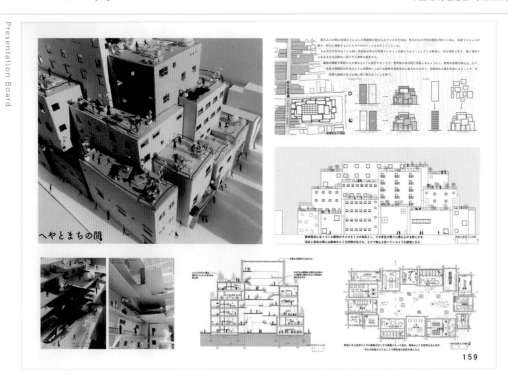

# 街のつなぎ目

Entry ID161 **重永 鑑**
九州大学工学部建築学科B4

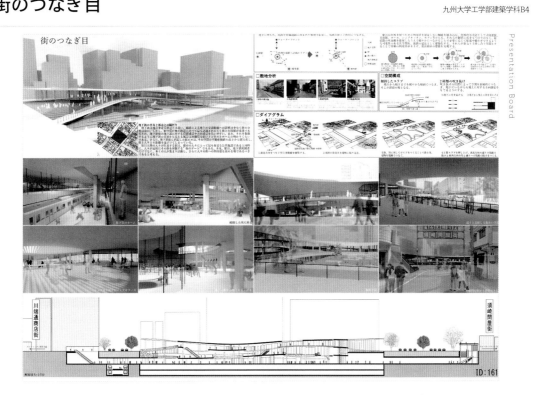

# 高架親水

Entry ID162 **中本 拓也**
九州大学工学部建築学科B4

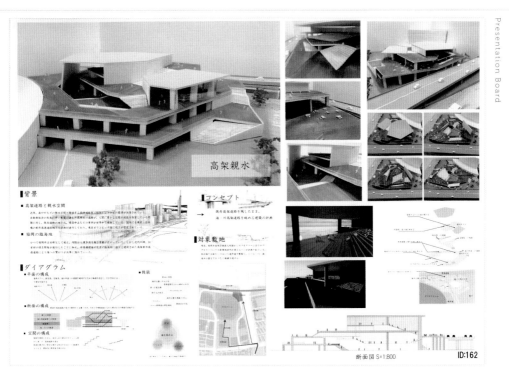

## 妻籠舎 −木造小学校校舎の意匠を活かす廃校舎の改修−

Entry ID164 糸岡 未来

信州大学工学部建築学科B4

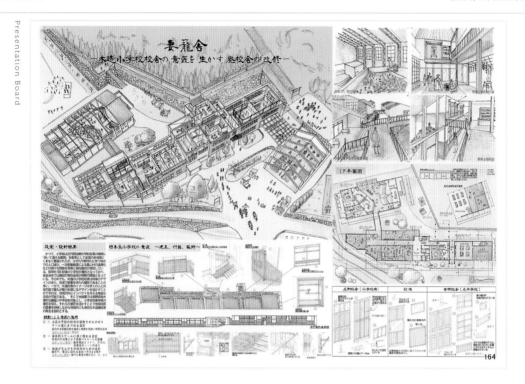

## 空間体験が思考に及ぼす影響の考察
### −モノの再認識プロセスと空間体験の一致による自己の肯定的変化の誘発−

Entry ID165 田住 梓

名古屋工業大学工学部社会工学科B2

# 禁足地の投影 −禁足地における慣習と発生−

Entry ID167 菰池 拓真
京都工芸繊維大学造形科学域デザイン・建築学課程B4

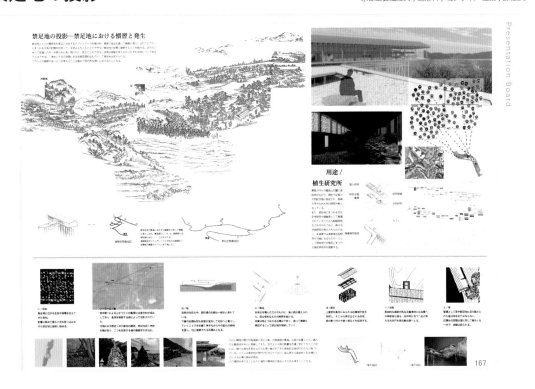

# ふたりぼっち

Entry ID168 上村 哲平
九州大学工学部建築学科B4

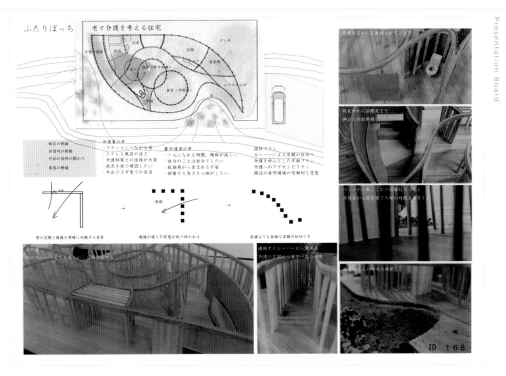

# 木漏れ日の都市

Entry ID170 **上山 貴之**
神戸大学工学部建築学科B4

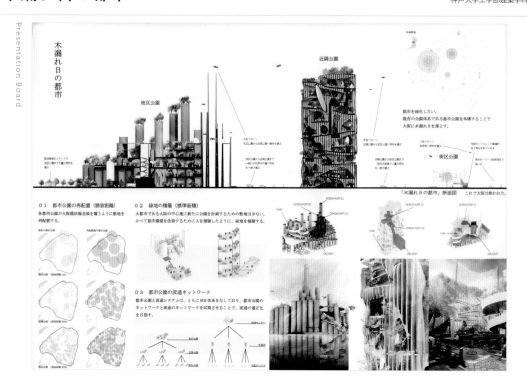

# Plural Material Filter −地域素材で切り取られる風景−

Entry ID171 **岡本 海知**
佐賀大学理工学部都市工学科B4

# Beyond Stadium

Entry ID172 鈴木 浩貴

慶應義塾大学理工学部システムデザイン工学科B4

# 営みのあざ

Entry ID173 上地 安諒

九州大学芸術工学部環境設計学科B4

首里にはかつて中城御殿という世子の邸宅が建っていた跡地があるが、現在は史跡として地域から隔離され続けており、人との交流を失ったこの場所の記憶や活気は時の経過と共に希薄化している。

本設計ではその土地で行われていた人々の営みを履歴、「あざ」として認識・再考し関わらせることで、首里城を失った首里地域における新たな文化の拠り所を設計し、首里城の復興と共に文化を継世していく風景を提案する。

## タブラ・ラーサから50年
### ～シンガポール「ゴールデンマイル複合ビル」の保存と改修～

Entry ID174　Chen Ken

神戸大学工学部建築学科B4

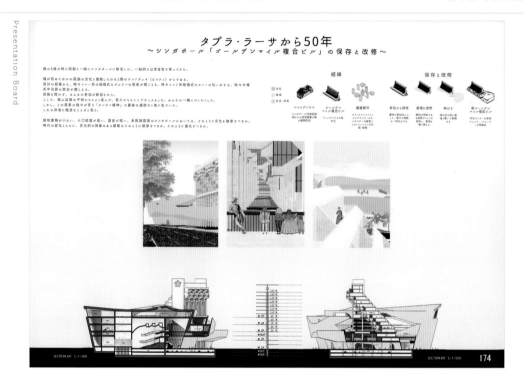

## 城山じゃりんこだんだん

Entry ID176　土屋 遼太郎

信州大学工学部建築学科B4

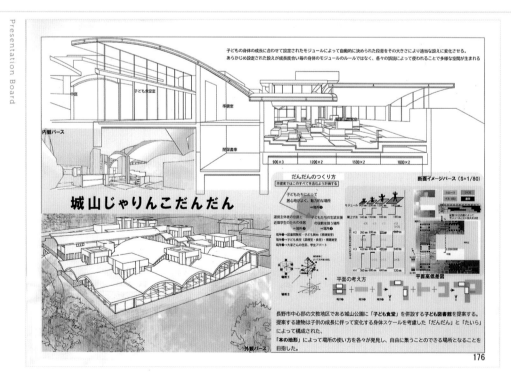

# 公園でつなぐ

Entry ID177　**川端 大輝**

日本文理大学工学部建築学科B4

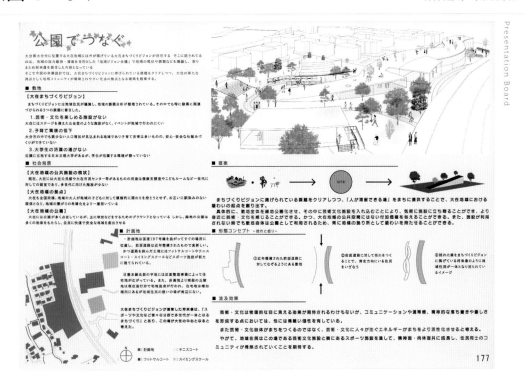

# 影にて武甲を仰ぐ
## －「信仰」と「破壊」を兼ね備えた武甲山の博物館－

Entry ID181　**山越 伊織**

信州大学工学部建築学科B4

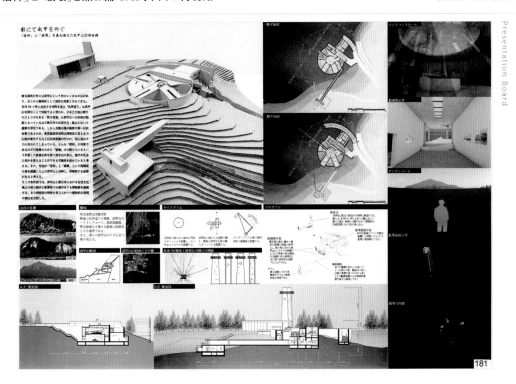

# わたしの建築は「ことばなく」建つ

Entry ID186 三枝 理子
九州大学芸術工学部環境設計学科B4

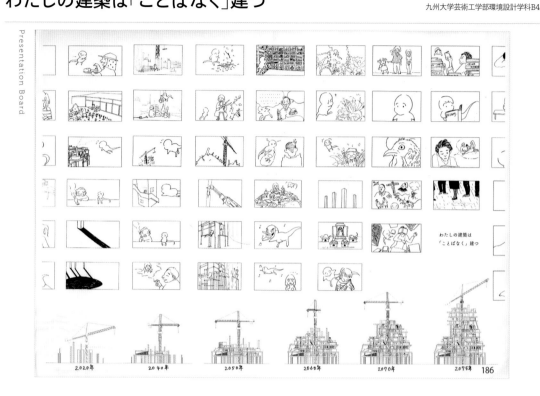

# 多重建築
建築における創造的メタファーを援用した設計手法の提案及び実践

Entry ID187 福田 一也
日本大学理工学部建築学科B4

# 誘発する「はしら」

Entry ID191 **柳 雄貴**

九州大学芸術工学部環境設計学科B3

# 創造的機能から工場する住環境

Entry ID192 **蓮尾 駿斗**

九州工業大学工学部建設社会工学科B4

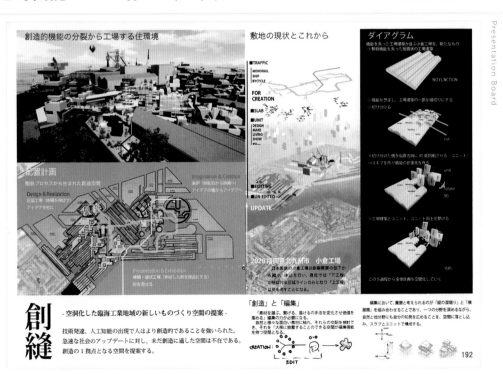

# 光の水たまり

Entry ID193 　末廣 龍樹

九州工業大学工学部建設社会工学科B3

# 伝統を漉く －三つの生業を介した伝統技術の継承と地域再生計画－

Entry ID196 　辰巳 詞音

島根大学総合理工学部建築・生産設計工学科B4

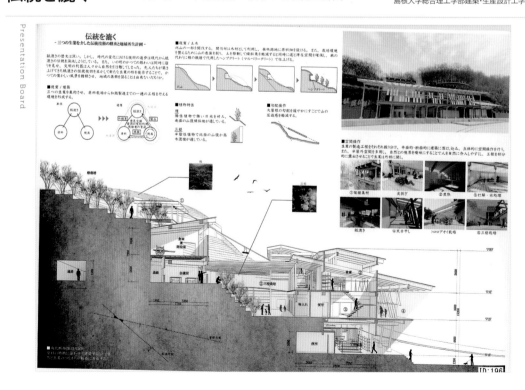

# enveloper lumiere douce

Entry ID197 鹿 圭登

佐賀大学理工学部都市工学科B3

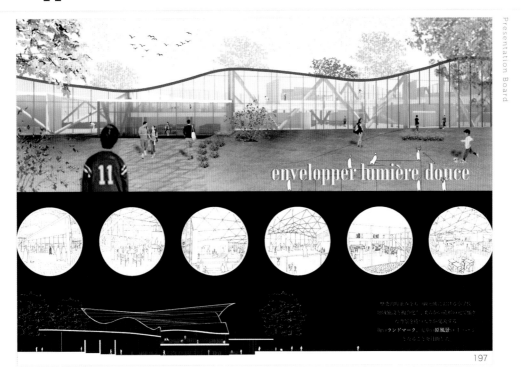

197

# Circular Commons
## －超広域商店街における回遊特性を用いた街区的建築の提案－

Entry ID199 田中 優

近畿大学建築学部建築学科既卒1年未満（現在研究生）

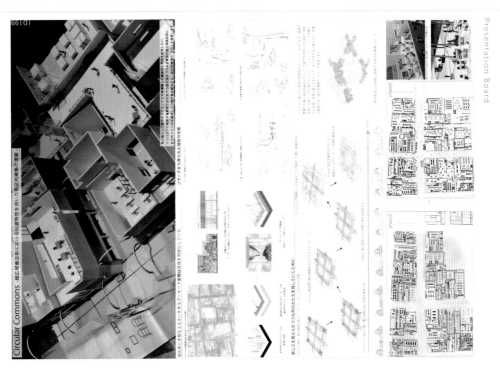

## あるべき姿 −その都市からなる駅−

Entry ID201 中山 遼
近畿大学工学部建築学科B4

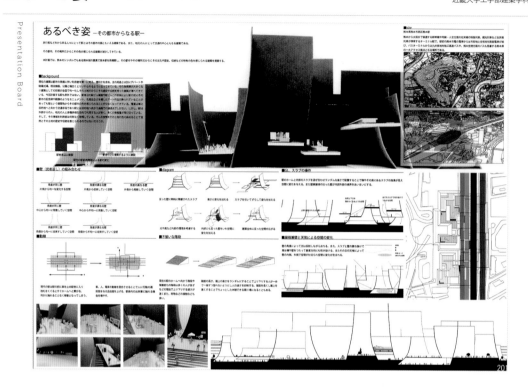

## 移ろう洞窟の中で

Entry ID203 今津 唯登
近畿大学建築学部建築学科B2

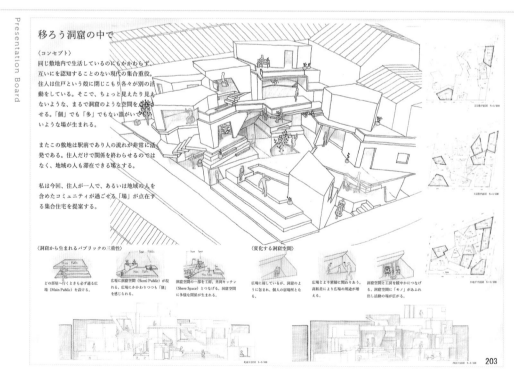

# 移ろい、纏い、広がる －少子化社会における小学校のカタチ－

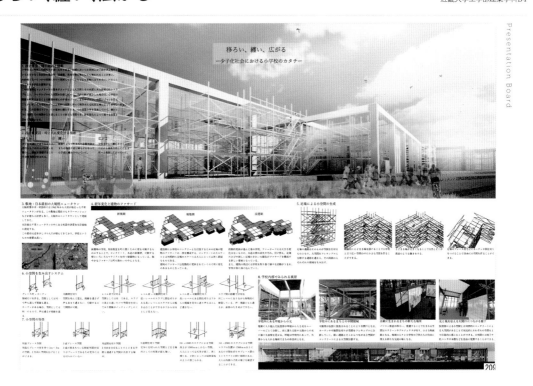

# 町屋地下街

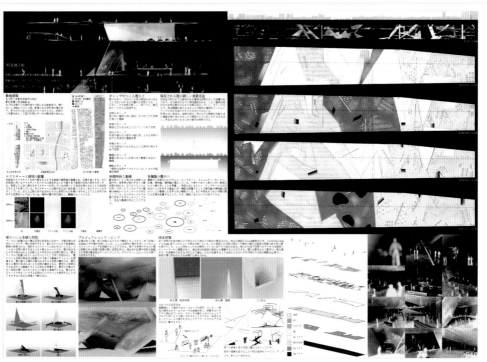

# 居場所として

Entry ID216 **樋口 大成**
佐賀大学理工学部都市工学科B3

# CULTURAL COLONY 〜都市に隠れるヒトの顕在化〜

Entry ID220 **市瀬 智之**
名城大学理工学部建築学科B3

# INDEPENDENT SLAB X HOLE COMMUNICATION

～六甲における駅と大学の複合施設～

Entry ID223　篠原　敬佑

神戸大学工学部建築学科B3

# STAGE

Entry ID225　四宮　幸之助

佐賀大学理工学部都市工学科B3

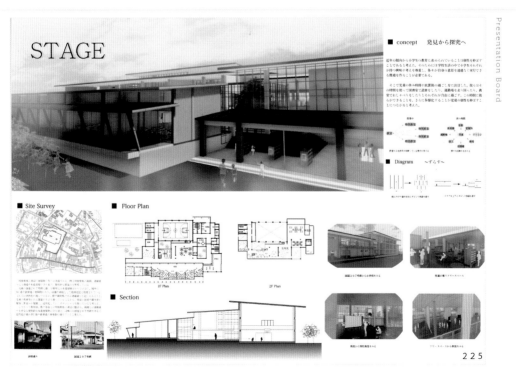

225

# 輪 −弘法大師の秘境−

Entry ID228 **上田 純也**

近畿大学大学院総合理工学研究科環境系工学専攻M1

Entry ID231 **白石 せら**

日本大学生産工学部建築工学科B4

# NIHONBASHI RANWAY

## 「結う空廊」 −廊下空間による水際への接続−

Entry ID232 **沖野 純**
京都工芸繊維大学造形科学域デザイン・建築学課程B4

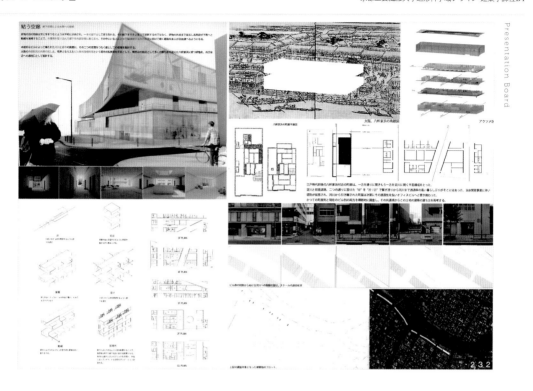

## 福良八幡だんじりやま −祭りと防災による安全祈願の社−

Entry ID233 **黒木 孝司**
神戸大学工学部建築学科B4

# 不可避の受容

Entry ID234 長谷川 将規

名城大学理工学部建築学科B3

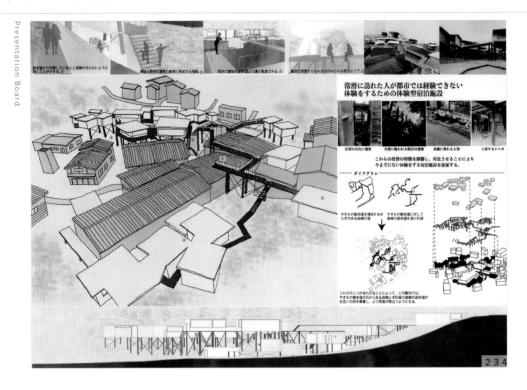

234

# ひろがり

Entry ID235 佐藤 直喜

名古屋工業大学工学部社会工学科B2

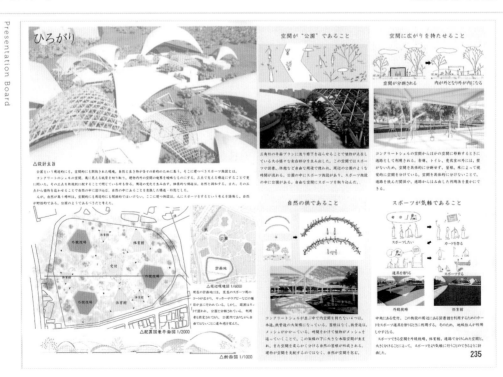

235

# 共育の杜 −新しい神社建築の提案−

Entry ID238　木津郁海
芝浦工業大学デザイン工学部デザイン工学科B4

# おんせん県みなとまち

Entry ID239　山口 康志郎
北九州市立大学国際環境工学部建築デザイン学科B4

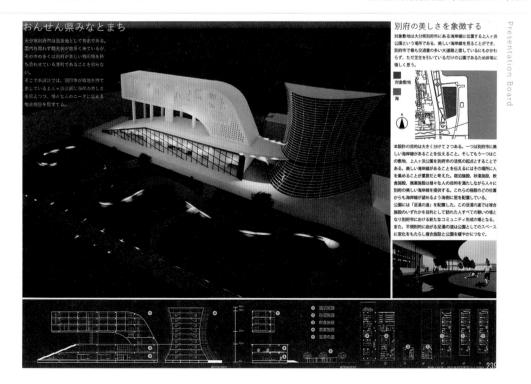

# 「そだてる・つくる・たべる」
## 食から生まれる偶発的なコミュニケーション

Entry ID240　**饗庭 優樹**

立命館大学理工学部建築都市デザイン学科B2

# Design Review
# 25th Anniversary

## Design Review25周年記念企画

Design Reviewは最初の構想から足掛け3年の歳月を費やして1996年に実現し、今年で四半世紀を迎えます。

初年度の開催は現代建築や都市を取り巻く諸問題を議論し、建築批評のレベルを高めること、学生の建築作品の批評を通じて、大学での設計教育のあり方を考えること、活動を広く一般に公開し、大学と社会との情報交換の場を提供することを目的に始まりました。

当時のDesign Reviewでは学生として参加されていた方が、現在は建築家として活躍されていたり、大会クリティークの立場として現学生と議論を交わすなどDesign Reviewという場は未来の建築家を育てる役割も担ってきました。

今回、Design Reviewが四半世紀を迎えることを記念して過去の大会を振り返ってみたいと思います。

T … テーマ
C … クリティーク

**1996**

### 1st
T Mediation between Critique and Education
建築批評と設計教育の間で
C 伊東豊雄、岡部憲明、隈研吾、曽我部昌史、津田佳志、土居義岳、中村耕二、西岡弘、三浦紀之、葉祥栄

**1997**

### 2nd
T Mediation between Critique and Education
建築批評と設計教育の間で
C 伊東豊雄、岡部憲明、隈研吾、佐々木睦朗、永島潮、葉祥栄

**1998**

### 3rd
algorism vs realism
アルゴリズム派とリアリズム派
C 隈研吾、曽我部昌史、ナンシー・フィンレイ、坂茂、福田晴虔、森岡侑士

**1999**

### 4th
T build-unbuild
C 隈研吾、妹島和世、芹沢高志、藤森照信、古谷誠章、松岡恭子

**2000**

### 5th
T restructure internally
C 川島透、工藤和美、隈研吾、中谷正人、藤森照信

**2001**

### 6th
T Living Condition
C 阿部仁史、貝島桃代、千葉学、宮本佳明、土居義岳

**2002**

### 7th
T Built Environment
C 小川晋一、高橋晶子、新納至門、松永安光

**2003**

### 8th
T MOBILE+ARCHITECTURE
モバイル社会と建築
C 土居義岳、有馬裕之、新納至門、塩塚隆生、松岡恭子、出口敦

**2004**

### 9th
T undressed
C 石田壽一、アストリッド・クライン、髙崎正治、山本理顕

**2005**

### 10th
T —
C 伊東豊雄、田采輝、周暉、馬場正尊、松岡恭子

**2006**

### 11th
T —
C 五十嵐太郎、桂英昭、藤浩志、古谷誠章、ヨコミゾマコト、伊東豊雄

**2007**

### 12th
T —
C 五十嵐太郎、末廣香織、西沢大良、横山俊祐、吉村靖孝

**2008**

### 13th
T キミのケンチクをみせてくれ。
C 石上純也、マーク・ダイサム、西沢大良、藤本壮介、矢作昌生

**2009**

### 14th
T ひろう
C 伊東豊雄、坂口舞、佐藤淳、土居義岳、永山祐子、ヨコミゾマコト

**2010**

### 15th
T —
C 青木淳、井手健一郎、小嶋一浩、土居義岳、中村拓志、西沢大良

※掲載している情報は開催当時のものです

テーマ 「Discuss! Now! 〜広がる・交わる〜」

Design Review（以下、DR）の本来の目的である「議論をする」ということを大切にし、その議論の和がクリティークから学生、はたまた一般のお客さんまでを巻き込んで広がっていくことを願ってテーマに選びました。いろいろな人びとの考えが交わって議論が生まれたとき、その議論から生まれる新たな発見や、新たな可能性を参加者みんなで共有できる、そんなDRを今年は目指します。議論することを一緒に楽しみましょう！

クリティーク

| | |
|---|---|
| 大島 芳彦 | ブルースタジオ |
| 倉方 俊輔 | 大阪市立大学准教授 |
| 小西 泰孝 | 小西泰孝建築構造設計 |
| 手塚 貴晴 | 手塚建築研究所（当日は震災の影響にて欠席） |
| 西村 浩 | ワークヴィジョンズ |
| 藤原 徹平 | 隈研吾建築都市設計事務所 |

**2011**
**16th**

テーマ 「合縁奇縁建築縁」

DRはその名の通り"Review"見直す事を目的としています。学生とクリティーク、一般のお客さんからはたまた地場の建築家達まで、さまざまな人たちが同じフロアに立ち熱心に議論を交わす。議論を通して私たちは作品に秘められた可能性を発見し、新たな可能性は貴方の建築を更に昇華させます。そのような場を提供するDRでありたい。そう願い、今年のテーマが決まりました。人と人、思想と思想、その縁結びを。縁側のような社交場を。繋がること、繋がっていくこと。私たちは1人として無縁ではないということ。福岡の地で経験した出会いが何かの縁になれば。

クリティーク

| | |
|---|---|
| 小嶋 一浩 | CAt、横浜国立大学大学院Y-GSA教授 |
| 末光 弘和 | SUEP. |
| 内藤 廣 | 内藤廣建築設計事務所、東京大学名誉教授 |
| 名和 研二 | なわけんジム（すわ製作所） |
| 藤村 龍至 | 藤村龍至建築設計事務所 |

**2012**
**17th**

テーマ 「再考築」

我々建築を学ぶ学生は、日々、建築・都市を通じて様々な思考を巡らせ、街中を歩き、読書にふけり、友人と会話をしている時でさえ建築について考え、スタディを積み重ね、自分の中の建築というものを構築しようともがいています。DRに集まる学生作品の多くは、そのひとつひとつが我々の絶え間ない思考の結晶であって、しかし、同時にその先へと続く未完の思考の中途でもあります。その様な作品を通して、建築を学ぶ学生と、設計教育の現場で指導する教官、実社会で設計活動をおこなう建築家たちが、同じフロアに立ち、熱心に議論を交わす事で、自分の中の建築というものは"再考"され、また"構築"される。そこには新たな発見があり、秘められた可能性が萌芽し、我々の建築はより良いものへと昇華されていく。こういった思いを込め、「再考築」と銘打ちました。

クリティーク

| | |
|---|---|
| 金田 充弘 | 東京藝術大学准教授 |
| 重村 力 | 神奈川大学教授、神戸大学名誉教授 |
| 谷尻 誠 | SUPPOSE DESIGN OFFICE |
| 手塚 貴晴 | 手塚建築研究所、東京都市大学教授 |
| 西沢 立衛 | SANAA、西沢立衛建築設計事務所、横浜国立大学大学院Y-GSA教授 |

**2013**
**18th**

**テーマ 「共創戦略」**

このDRで出展者たちは決勝進出を賭けて戦略を立て、競争する。

しかし、2日間に及ぶ熱いプレゼン、批評、議論の中でその戦略は共に何かを創り上げるための戦略へと変化していく。クリティーク、出展者、会場にいる全ての人で、目に見えない大きなものを創り上げていく。そんな共創戦略を、僕らは得られるだろうか。

**クリティーク**

| 池田 昌弘 | MASAHIRO IKEDA co., ltd, Masahiro Ikeda School of Architecture 校長 |
| 島田 陽 | タトアーキテクツ / 島田陽建築設計事務所 |
| 成瀬 友梨 | 成瀬・猪熊建築設計事務所 |
| 長谷川 豪 | 長谷川豪建築設計事務所 |
| 山下 保博 | アトリエ・天工人、NPO法人N・C・S理事長 |

**2014**
**19th**

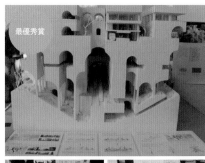
最優秀賞

優秀賞

優秀賞

---

最優秀賞

優秀賞

優秀賞

**テーマ 「機」**

数年前の大震災を機に日本における建築の在り方は刻々と変わりつつある。今こそ新しい提案を発信する絶好の機会ではないだろうか。今年で開催20回目という節目の年にDRは建築の原点である機能性について再度見直し、新たな転機を導く場となる。

**クリティーク**

| 小西 泰孝 | 小西泰孝建築構造設計 |
| 末廣 香織 | 九州大学准教授 |
| 手塚 由比 | 手塚建築研究所 |
| 内藤 廣 | 内藤廣建築設計事務所、東京大学名誉教授・総長室顧問 |
| 葉 祥栄 | 葉デザイン事務所 |
| 藤村 龍至 | 藤村龍至建築設計事務所 |

**2015**
**20th**

---

**テーマ 「触発」**

DRでは卒業設計展だけではなく、学部生や院生の設計課題や他のコンペに出した設計、自分が提案したい建築など様々な作品を募集しています。それゆえ、DRの場には様々な価値観を持った建築学生が集います。私たち実行委員会は、そのすべての学生に、DRを通じてそれぞれが自分の中に新たな建築観を見出してほしいと思っています。それは、クリティークとの対話の中で生まれるかもしれませんし、他の出展者の作品を見て回る中で生まれるかもしれません。何かに触発されてそれまでとは違う新しい自分を発見し、建築をより深く考えるきっかけになる。たくさんの「触発」が起こるような、そんな作品が集まることを望んでいます。

**クリティーク**

| 石井 健 | ブルースタジオ |
| 伊藤 麻理 | UAo |
| 大野 博史 | オーノJAPAN |
| 末光 弘和 | SUEP. |
| 松山 将勝 | 松山建築設計室 |

**2016**
**21th**

最優秀賞

優秀賞 優秀賞

## テーマ 「魅開」

一世代前よりも遥かに多様化している〈建築〉。建築を学ぶ学生の見る世界も常に広がり続けています。それはまるで、科学・技術・芸術の総合領域としての、かつての古代の architecture のようです。そのように多岐に渡って拡大した現在の〈建築〉には、閉じた領域での評価をするだけではなく、他分野からも批評を受け、議論を交わすことが必要です。"魅開"という言葉は、DRに集まってくる作品に対して、建築だけに留まらない多様な視点での批評が行われることで、学生の中で未開の部分が魅力となって次々に発掘されるイベントとなることを目指して決定されました。

### クリティーク

| | |
|---|---|
| 川俣 正 | パリ国立高等芸術学院教授 |
| 岸上 純子 | SPACESPACE |
| 諏訪 正樹 | 慶應義塾大学教授 |
| 豊田 啓介 | noizパートナー |
| 西沢 大良 | 西沢大良建築設計事務所、芝浦工業大学教授 |
| 三谷 康彦 | MLS |

**2017**
**22th**

---

## テーマ 「創遇」

DRでは出展作品のテーマやビルディングタイプ、出展者の所属や学年に制限がありません。出展者以外にも、大会にはクリティークや協賛社、実行委員など様々な立場で関わる人がいます。作品は新しい建築の形そのものやライフスタイル、価値観の提案を含んだ、これからを創る建築や空間を設計物であり、作品を中心に議論する場がDRです。多様な作品・多様な人々が参加するDRでは思いがけない出会い＝遭遇があるかもしれません。「創る」が出会いの場を形成し、出会いによる「創る」が生まれる。DRが「創遇」の場となることを願っています。

### クリティーク

| | |
|---|---|
| 金野 千恵 | teco |
| 田中 俊行 | 空環計画研究所 |
| 千葉 雅也 | 立命館大学大学院准教授 |
| 手塚 貴晴 | 手塚建築研究所、東京都市大学教授 |
| 矢作 昌生 | 九州産業大学教授 |

**2018**
**23th**

---

## テーマ 「繋花」

私たちが各々持つ個人の価値観は、それまで過ごした周りの環境や関わってきた人々、手に取った本など、さまざまなものに影響されて形成されていきます。DRを通じて、出展者やクリティーク、実行委員、来場者が、作品の良し悪しだけでなく、その価値観を語り合うことで、互いに刺激を受け、新たな価値観やアイデアの蕾が生まれ、これらの蕾が花開き、更には繋がっていくことでより良いものになることを願っています。

### クリティーク

| | |
|---|---|
| 光嶋 裕介 | 光嶋裕介建築設計事務所 |
| 島田 陽 | タトアーキテクツ / 島田陽建築設計事務所 |
| 竹山 聖 | 設計組織アモルフ、京都大学教授 |
| 土居 義岳 | 九州大学教授 |
| 藤村 龍至 | RFA、東京藝術大学准教授 |

**2019**
**24th**

# Questionnaire

## アンケート

### 在籍校

| 大学名 | 人数 |
| --- | --- |
| 九州大学 | 7 |
| 神戸大学 | 6 |
| 九州産業大学 | 4 |
| 千葉工業大学 | 3 |
| 法政大学 | 3 |
| 麻生建築&デザイン専門学校 | 2 |
| 近畿大学 | 2 |
| 熊本大学 | 2 |
| 佐賀大学 | 2 |
| 摂南大学 | 2 |
| 東京大学 | 2 |
| 東京工業大学 | 2 |
| 東京理科大学 | 2 |
| 福岡大学 | 2 |
| 愛知工業大学 | 1 |
| 大阪工業大学 | 1 |
| 大阪市立大学 | 1 |
| 金沢工業大学 | 1 |
| 京都工芸繊維大学 | 1 |
| 九州工業大学 | 1 |
| 慶應義塾大学 | 1 |
| 滋賀県立大学 | 1 |
| 島根大学 | 1 |
| 信州大学 | 1 |
| 東京都市大学 | 1 |
| 名古屋大学 | 1 |
| 名古屋工業大学 | 1 |
| 広島大学 | 1 |
| 名城大学 | 1 |
| 山口大学 | 1 |
| 合計 | 57 |

### Q1. 制作にはどんなソフトを使用しましたか?

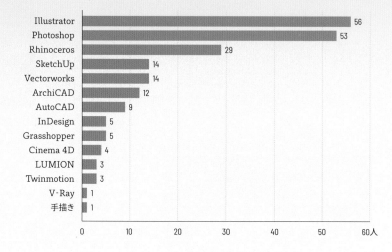

### Q2. 模型の制作期間は?

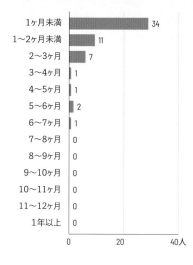

### Q3. 模型の制作費用は?

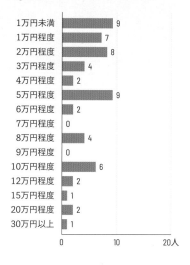

## Q4. プレゼンボードをつくるうえでの工夫、こだわりは？

- 構造を魅せる、リアリティを持たせる
- テーマに合わせてイラストを入れる
- 手描きパースで自分の世界観を表現する
- 長い展開パースを主役にした
- 見やすさ・読みやすさ・個性・統一感
- 時間軸を意識してつながるようにつくった
- 足場とそれ以外を明確に伝える
- 簡易図で設計手法を描く
- 夜景の世界観を表現

- プレゼンの流れと分かりやすさ
- テクスチャにこだわった模型
- 作品のコンセプトを丁寧に伝える
- レイアウト自体に意味を持たせ、全体像が理解できるようにする
- 分かりやすさとデザイン性の両立
- ファーストインプレッションで一番伝えたい作品の意図を伝える
- 目新しさ

- 情報のコンパクト化
- 考え抜いたことが一目見て伝わるダイアグラム、ワクワクするパースと図面
- 分散型の計画において、それぞれの敷地や設計の繋がりを表現した
- 断面パースで空間を伝える
- 目を引くほどのパンチがある絵で「気になる」という感情を起こさせる

## Q5. 将来就きたい/就く予定の仕事

- 建築家
- ハウスメーカー
- アトリエ系
- ゼネコン
- 今ではつくれないような意匠を持つ建築の改修

- 住宅設計
- 公共建築の設計
- 地場工務店の設計職
- 建築や場のデザインに関わる仕事
- 建築系の教員

- 建築設備
- 戦略コンサルタント
- 文化財修復士
- 時間が経つのを忘れてしまうような仕事
- 構造設計

- 異空間設計
- 病院やホスピスなどの福祉施設の設計
- 研究職
- 組織設計
- 設計職
- 建築設計事務所

## Q6. 自身の建築観に影響を与えた人物や作品、思想等を教えて下さい。

- 伊東豊雄
- 構造と意匠の両立
- Peter Zumthor
- 石上純也
- フランク・ゲーリー
- 丹下健三
- 太田市美術館・図書館
- 熊本地震の経験
- 槙文彦「見えがくれする都市」
- ロバート・アーウィン
- 隈研吾
- 結婚できない男
- 旅行で見てきた建築物
- SANNA
- 藤本壮介
- 安藤忠雄の六甲の集合住宅

- メタボリズム
- 佐藤淳
- ヨコハマ買い出し紀行
- 世の中の物事すべて
- 平瀬有人先生
- RCR Architect
- リボンチャペル
- 磯崎新
- リチャード・ノイトラ
- 藤森照信
- 福島加津也
- 鈴木了二
- 増田信吾+大坪克亘
- 東京カテドラル
- ソーク研究所
- Todoroki House in Valley

- 豊島美術館
- 仙田満
- 松川昌平
- 生田京子
- 水庭
- 古谷誠章
- ガウディ
- 塚本由晴
- 環世界
- アイゼンマン
- チュミ
- 太宰治
- 平田晃久
- 芸術における絵画
- ヤンゲール
- William Merrell Voriesの神戸女学院に込められた設計思想

- 山本理顕
- 谷口吉生
- ユハ・レイヴィスカのマンニスト教会
- 芸術分野を学んでいた時に感じたこと
- 洋服と建築の関係性の考え方
- 山本理顕の地域社会圏主義
- ゲニウス・ロキ
- 新海誠
- 尾上亮介
- 小林哲治
- 街にある小屋
- 場所の力を顕在化させる建築
- 連勇太朗
- Kevin Lynch

## Q7. 模型材料はどこで購入している？

- カワチ
- セントラル画材
- ハンズマン
- グッデイ
- 山本文房堂
- 東急ハンズ
- レモン画翠

- 大学生協
- ダイソー
- ナフコ
- Amazon
- コーナン
- 甲玉堂
- 丸善

- ユザワヤ
- 世界堂
- 渋谷ハンズ
- ワタナベ画材
- 九州画材
- カインズ
- クエスト

- 学内ブックセンター
- 大学の購買
- 文具店
- 通販

# Critique Review

**クリティーク講評**

*Aoki Koji*

## 青木 弘司 講評

繰り返し昨今のトレンドの話はしていたんですけれども、皆さんそれぞれオリジナリティに溢れたテーマを探し出して、それからストーリーを構築して、アウトプットに至る、そのプロセスをさまざまなかたちでまとめていて非常に感心しました。そのなかでも最終的に評価された作品は勇気を持って可能性を遠くまで投げかけているような案だったなと思うんですよね。その姿勢は卒業して実務の現場に行っても変わらないと思いますので、この卒業設計を通して身に付けた姿勢をこれからも大切にしてほしいなと思います。

*Kadowaki Kozo*

## 門脇 耕三 講評

やはり東京でやっている講評とは違う感じがしました。これまで関西の卒業設計イベントに呼んでもらったことはありますけれども、九州は初めてで、全国大会とはいうものの、やっぱり九州の方が多いんだなと思いました。そこでまず印象的だったのは、非常に濃厚にある意味で古典的な建築の価値観をみんなで信じて研鑽しあっているんだなというのを感じました。ですので、この盛り上がった感じが今後も続くといいと思っています。一方で原田さんの指摘も非常に重要だと思いますけれども、建築は建築のためだけにあるのではなくてむしろ、社会の中で生きるものだと思いますので、建築家以外の人たちが感じる価値に対してどれだけ向き合う事ができるのか、ここが、少し取り組みとしては弱いかなと思いました。ただ、いずれにしてもみんなすごい力でやっていることは伝わりましたので本当に楽しかったです。ありがとうございました。

## 髙橋 一平 講評

ある一つの建築の提案がどう良いかではなく、提案された建築とともに周りの環境や社会がどう変わっていくのか。もしくは、提案された建築の経験を通じ、世の中の経験や価値観がどう変わっていけるのか。全作品のうち、そのように世界の見え方の変化を想像した作品は、建築や空間が人間の身体や生き様に影響を与え続けることを信じ、建築が持つ力を社会へ訴えかけることへの野心を感じた。森下さんの作品では、冬のように廃れた街にとつぜん春の景色が現れたような明るい世界観が提示された。山田さんの作品では、都市の要素や断片それぞれに想像が投影され、面的に萌芽し豊かにうつろう像が描かれた。佐藤さんの作品では、待つ、という、近代以降の日本では蔑ろにされた時空間の豊かさが着目され、新しい建築への希望を見た。

## 原田 祐馬 講評

最初のほうにも少しお話させていただいたのですが、もちろん建築学科の人たちなので建築や空間を中心に考えていくんだなと改めて思いました。すごい素直にですけれども。で、そこからもう少し本来やっていこうと思う建築空間だけではなくてもっと外への広がりというものがあって、まだまだ内側の中で考えていくものなんだなというふうに感じたので、もうちょっと外の風景も含めて設計ないしデザインというものがあるような気がして、皆さんの卒業制作をそう見ていました。でも、1つ1つすごい深く考えられているので、そこには何も言うことはないんですけれど、改めてもう少し広い視点であってもいいんじゃないだろうかとか、そういうことがすごく感じられました。

## 平瀬 有人 講評

先程いろいろ九州の方々の作品の強さみたいなものがあるとコメントをいただいたりもしましたけれども、僕自身も教えていて思うのは、卒業設計とはそれで終わりではなくて、そこから先に続くテーマを見つける、その後の作家としてのマニフェストはなんなのかということが結構重要な視点じゃないかと思いますし、今回のクリティークの方々はたぶんそこを視点に見てる方々がたまたまなのか、学生実行委員が選ばれたのかは分かりませんが、なんかそういう共通する審査軸っていうんですかね、それがいろいろブレたりもしましたけれども、ある強いものがあってこういう結果になったんではないかと思います。

# 学生実行委員会
## Student Executive Committee

## 総務部

実行委員長
**井本 大智**
九州産業大学3年

副実行委員長
**鹿 圭登**
佐賀大学3年

庶務
**石本 大歩**
九州大学3年

**今泉 達哉**
熊本大学3年

## 広報部

部長
**樋口 大成**
佐賀大学3年

副部長
**永田 美咲**
佐賀大学2年

**瀬戸 恒治郎**
佐賀大学3年

**山岸 将大**
九州大学3年

**清水 菜月**
福岡大学1年

**熊本 亮斗**
九州産業大学1年

**野方 千愛**
佐賀大学1年

**松藤 加寿己**
福岡大学2年

## 財務部

部長
**吉崎 颯一郎**
福岡大学3年

副部長
**板谷 尚樹**
佐賀大学2年

**手柴 智佳**
佐賀大学3年

**牛島 啓多郎**
九州産業大学1年

**久保田 峻**
佐賀大学1年

**勝田 敏行**
福岡大学2年

## 運営部

部長
**吉永 広野**
九州産業大学3年

副部長
**小村 茉優**
佐賀大学2年

庶務
**河上 紘之**
佐賀大学2年

**伊子 和輝**
九州産業大学1年

**門口 和佳奈**
福岡大学2年

**恒冨 春香**
福岡大学1年

**永田 智陽**
九州産業大学3年

**下山 友樹**
佐賀大学3年

**江川 菜月**
福岡大学1年

**山添 美海**
福岡大学1年

**鳥飼 小華**
福岡大学1年

**浦田 莉寿**
福岡大学1年

# 社会人実行委員メンバー
Working Committee

**池浦 順一郎** DABURA.i 一級建築士事務所

**川津 悠嗣** 一級建築士事務所かわつひろし建築工房

**谷口 遵** 有限会社建築デザイン工房一級建築士事務所

**豊田 宏二** トヨダデザインラボ

# 協賛リスト
Sponsor

## 共催

公益社団法人日本建築家協会 九州支部

## 特別協賛

株式会社総合資格 総合資格学院

## 協賛団体

一般社団法人日本建築学会 九州支部

公益社団法人日本建築家協会
九州支部 鹿児島地域会

公益社団法人日本建築家協会
九州支部 長崎地域会

## 企業協賛

アサヒ製鏡株式会社

株式会社鹿島技研

鹿島建設株式会社

株式会社建築企画 コム・フォレスト

株式会社佐藤総合計画

株式会社志賀設計

新産住拓株式会社

株式会社スズキ設計

株式会社竹中工務店九州支店

株式会社東条設計

学校法人中村産業学園（九州産業大学）

株式会社日建設計 九州オフィス

株式会社日本設計 九州支社

株式会社野口直樹建築設計事務所

公益社団法人福岡県建築士会

北海道パーケット工業株式会社 九州営業所

株式会社松山建築設計室

株式会社メイ建築研究所

株式会社森裕建築設計事務所

株式会社YAMAGIWA 九州支社

株式会社ライフジャム 一級建築士事務所

## 個人協賛

| | | | | |
|---|---|---|---|---|
| 鮎川 透 | 株式会社環・設計工房 | 豊田 宏二 | トヨダデザインラボ |
| 家原 英生 | 有限会社Y設計室一級建築士事務所 | 古森 弘一 | 株式会社古森弘一建築設計事務所 |
| 池浦 順一郎 | DABURA.i 一級建築士事務所 | 前田 哲 | 株式会社日本設計 九州支社 |
| 板野 純 | ナガハマデザインスタジオ一級建築士事務所 | 松岡 恭子 | 株式会社スピングラス・アーキテクツ |
| 市川 清貴 | 有限会社市川建築設計事務所 | 松田 満成 | マツダグミ一級建築士事務所 |
| 伊藤 隆宏 | 伊藤建築都市設計室一級建築士事務所 | 村上 明生 | アトリエサンカクスケール株式会社一級建築士事務所 |
| 井本 重美 | 株式会社無重力計画 | 森 浩 | 株式会社日本設計 九州支社 |
| 上田 眞樹 | 有限会社祐建築設計事務所 | 山澤 宣勝 | てと建築工房一級建築士事務所 |
| 上村 清次 | 上村設計工房 | 和田 正樹 | 株式会社和田設計コンサルタント |
| 川津 悠嗣 | 一級建築士事務所かわつひろし建築工房 | | |
| 田中 一樹 | 株式会社太陽設計 | | |
| 田中 俊彰 | 有限会社田中俊彰設計室一級建築士事務所 | | |
| 田中 浩 | 株式会社田中建築設計室 | | |
| 田中 康裕 | 株式会社キャディスと風建築工房 | | |
| 谷口 遵 | 有限会社建築デザイン工房一級建築士事務所 | | |

# NIKKEN

## EXPERIENCE, INTEGRATED

## 日建設計

代表取締役社長　　**亀井忠夫**

執行役員 九州代表　**妹尾賢二**

| | | |
|---|---|---|
| 東　　京 | 東京都千代田区飯田橋2-18-3 | Tel. 03-5226-3030 |
| 大　　阪 | 大阪市中央区高麗橋4-6-2 | Tel. 06-6203-2361 |
| 名 古 屋 | 名古屋市中区栄4-15-32 | Tel. 052-261-6131 |
| ●九　州 | 福岡市中央区天神1-12-14 | Tel. 092-751-6533 |

支社・支所　北海道、東北、神奈川、静岡、長野、北陸、京滋、神戸、中国、熊本、沖縄
　　　　　　上海、北京、大連、ドバイ、ハノイ、ホーチミン、ソウル、モスクワ、シンガポール、バルセロナ

http://www.nikken.jp

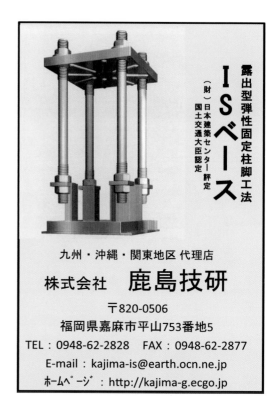

株式会社 森裕建築設計事務所

福岡市南区塩原4-5-31
Tel. 092-542-2707 / Fax. 092-542-2711
www.maostyle.com

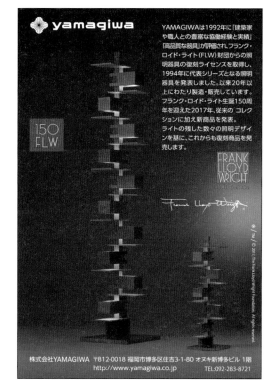

## 建築士受験生を応援します

**2019年度 1級建築士**
設計製図試験

全国合格者3,571名中／
当学院当年度受講生2,138名
（2020年2月12日現在）

# 59.9%
**合格者占有率**

全国合格者のおよそ6割は当学院の当年度受講生!

**2019〜2015年度 1級建築士**
学科試験

全国合格者合計24,436名中／
当学院受講生12,228名
（2019年9月10日現在）

# 50.0%
**合格者占有率**

全国合格者の2人に1人以上は当学院の受講生!

おかげさまで総合資格学院は「合格実績日本一」を達成しました。
これからも有資格者の育成を通じて、業界の発展に貢献して参ります。

総合資格学院　学院長
岸 隆司

---

**2019年度 2級建築士 設計製図試験**

当学院
当年度受講生
合格者数

# 2,080名

全国合格者の4割以上（占有率41.3%）は当学院の当年度受講生!
全国合格者数は、(公財)建築技術教育普及センター発表による。全国合格者数5,037名

当学院基準達成
当年度受講生
合格率

# 80.2%
全国合格率46.3%に対して

9割出席・9割宿題提出・模擬試験2ランクI達成
当年度受講生1,206名中／合格者967名
（2019年12月5日現在）

**2019年度 1級建築施工管理技術検定 実地試験**

当学院基準達成
当年度受講生
合格率

# 83.1%
全国合格率46.5%に対して

9割出席・9割宿題提出
当年度受講生758名中／合格者630名（2020年2月6日現在）

---

**2019年度 設備設計1級建築士講習 修了考査**

当学院
当年度受講生修了率

# 84.8%
全国修了率67.6%に対して

当学院当年度受講生46名中／修了者39名
（2019年12月18日現在）

**2019年度 建築設備士 第二次試験**

当学院基準達成
当年度受講生
合格率

# 89.6%
全国合格率54.3%に対して

8割出席・8割宿題提出
当年度受講生67名中／合格者60名（2019年11月7日現在）

総合資格学院の合格実績には、模擬試験のみの受験生、教材購入者、無料の役務提供者、過去受講生は一切含まれておりません。

---

建設業界に特化した
## 新卒学生就活情報サイト 総合資格navi 2022

建築関係の資格スクールとしてトップを走り続ける総合資格学院による、建築学生向けの就活支援サイト。
長年業界で培ったノウハウとネットワークを活かして、さまざまな情報やサービスを提供していきます。

スマートフォンから
直接アクセス⇒

---

| 開講講座一覧 | 1級・2級建築士 | 構造設計/設備設計1級建築士 | 建築設備士 | 1級・2級建築施工管理技士 | 1級・2級土木施工管理技士 | 法定講習 | 一級・二級・木造建築士定期講習 | 第一種電気工事士定期講習 | 宅建登録講習 |
|---|---|---|---|---|---|---|---|---|---|
| | 1級・2級管工事施工管理技士 | 1級造園施工管理技士 | 宅地建物取引士 | 賃貸不動産経営管理士 | インテリアコーディネーター | | 管理建築士講習 | 監理技術者講習 | 宅建登録実務講習 |

# あとがき

Afterword

共催者を代表して関係の皆様に厚く御礼を申し上げます。

本来であれば、「Design Review 2020がアイランドシティ中央公園内にあります『ぐりんぐりん』で3月14日〜15日に開催されました」、と書き始めるところでした。しかし、本年度は新型コロナウイルスの感染拡大に伴い、対面式の本選を中止いたしました。半年以上の準備期間を経て予選も終了した段階ではありましたが急遽中止を決定し、その後の短い準備期間でSNSを使ったオンラインによる本選を開催することができました。これも急な変更に快くご対応いただきました青木弘司様、門脇耕三様、高橋一平様、原田祐馬様の四名のクリティークの皆様、本選審査をまとめていただきました司会の平瀬有人様、会場をお貸しいただきました総合資格様、たくさんの方たちのお力添えによるものです。誠にありがとうございました。

なにより井本実行委員長をはじめ主体的に動いた学生の皆さんの努力により、Design Review 2020を無事終えることができました。たいへんご苦労様でした。

今回でDesign Reviewは25回を迎えました。当初は福岡の大学の合同講評会であったものがさまざまな変遷を経て現在のような形になりました。

本来のDesign Reviewの趣旨は出展者の作品や思考に触れ、それを題材にして議論を行い、またそれを聞き、議論の輪に加わる意見交換の場を設けることにあります。今回は対面での場を設けることができない状況の中での異例の開催となりました。短い準備でも違和感の少ない会が催せましたことは、この形をノーマルと考える時代が来ているのかもしれません。

Design Reviewは事業の主体が固定されておりません。学生実行委員会は毎年新たなメンバーに入れ替わり、Design Reviewの趣旨（種子）だけを引き継ぎながら再構成されていきます。私たちJIA社会人メンバーは、その時々の思いや社会情勢により形を変えながらもDesign Reviewの趣旨を継続し、多様な成果を次の世代に繋げていくために、これからもサポートして行く所存です。

公益社団法人 日本建築家協会（JIA）九州支部は、建築文化を担う新しい世代と一緒にDesign Reviewを共催しております。関係の皆様にはDesign ReviewとJIA九州支部の活動に、末永いご協力とご支援を賜りますことをお願いいたします。

公益社団法人 日本建築家協会九州支部長
川津悠嗣

私たち総合資格学院は、「ハイレベルなスキルと高い倫理観を持つ技術者の育成を通じ、安心・安全な社会づくりに貢献する」ことを企業理念として、創業以来、建築関係を中心とした資格スクールを運営してきました。昨今、「労働人口の減少」は社会全体の問題となっており、建設業界の「技術者」の不足が深刻化しています。当学院にとっても、技術者不足解消は使命であると考え、有資格者をはじめとした建築に関わる人々の育成に日々努めております。

その一環として、将来の活躍が期待される、建築の世界を志す学生の方々がさらに大きな夢を抱き、志望の進路に突き進むことができるよう、さまざまな支援を行っております。Design Reviewをはじめとした全国の卒業設計展への協賛、設計コンクール・コンペティションの開催やそれらの作品集の発行、建設業界研究セミナーなどは代表的な例です。

本年もDesign Review 2020に協賛し、本設計展をまとめた作品集を発行いたしました。本年度は新型コロナウイルスの感染拡大のため、規模を縮小しての開催となりましたが、Instagramを用いた審査など、学生実行委員の方々による努力と知恵を集結

し、25回目という節目の年に、新たな時代の幕開けを感じさせる開催内容になりました。

本誌では、出展者の皆様の熱意の込められた作品を詳しく紹介しているほか、審査・講評での貴重な議論を多数収録しており、資料としても大変価値のある、有益な内容となっております。また、出展者とクリティークによるライブ感溢れるリアルな対話が収められた本誌は、これから学校の課題や卒業設計などに取り組む学生の方々にとって非常に参考となる一冊です。本誌が社会に広く発信され、より多くの方々に読み継がれていくことを、そしてDesign Reviewの今後の益々の発展を願っております。

Design Review 2020に参加された学生の皆様、また本誌をご覧になった若い方々が、時代の変化を捉えて新しい建築の在り方を構築し、高い倫理観と実務能力を持った建築家そして技術者となって、将来、家づくり、都市づくり、国づくりに貢献されることを期待しております。

総合資格学院 学院長
岸 隆司

# 編集後記

Editor's note

はじめに、Design Review 2020を共催、後援、協賛いただいた多くの企業、団体、個人の皆様、出展者の皆様、本年度Design Review 2020の立ち上げから当日の運営までの長期間ご指導いただいた社会人実行委員会の皆様、当日インスタライブにてレビューの様子をご視聴いただいた皆様に、今年度も大会を成功させることができましたことを心よりお礼申し上げます。

本大会は「結衝」というテーマのもと、議論を通して自分の建築や思想を見つめ直したり、新たな価値観やアイデア、交流が生まれたり、さらにはこれから先の未来に結ばれていく場になったりと、出展者やクリティーク、実行委員、来場者が作品の良し悪しを議論するだけでなく、それぞれの価値観や熱量をぶつけ合い語り合う場所になって欲しいという願いを込めて開催されました。本誌もそのテーマに則り、出展作品や本大会での議論を通しての学び等が1つの結晶のように記録として残ればという思いを込めて制作いたしました。

今年は新型コロナウイルスの影響により、インスタライブによる生配信という例年とは異なる運営方法で実施いたしました。例年のような会場での交流ができなかった分、出展いただいた皆様の作品に触れる機会が少しでも生まれればという願いを込め、今年は予選作品を含め、応募作品すべてを掲載させていただきました。また、本年度でDesign Reviewが25回目を迎えるということで、過去の受賞作品を振り返ることができるような内容も掲載しましたので、そちらも楽しんでいただけたらと思います。

デザインレビュー実行委員としては2年目になりますが、記録誌の制作に関わるのは初めてで、拙いところも多々ありました。そのようななかでも、社会人実行委員会の皆様より最後まで丁寧なご指導をいただけましたこと、心から感謝申し上げます。本の制作に関わるという普段はできないような貴重な経験をさせていただき、私自身学ぶことが多く、さまざまな面で勉強になりました。

本誌を制作するにあたり、誌面デザイン及び編集作業に尽力いただいたゴーリーデザイン 大川松樹様、さまざまなデータ提供にご協力いただいた出展者の皆様、クリティークの先生方、予選審査員の先生方に心より御礼申し上げます。また、本誌発行を引き受けてくださった総合資格学院 岸隆司学院長及び金城夏水様をはじめとする出版局の皆様、そして本大会に関わっていただいたすべての方々へ重ねて御礼申し上げます。

デザインレビュー2020実行委員会
広報部副部長　永田 美咲